谨以此书献给我的恩师杨云龙教授，
他的仁义、慈爱、平和让我永志不忘

妆匣遗珍

明清至民国时期女性传统银饰

顾问 ○ 郝蕴琴 / 颜广仁 / 贺今

杭海 著

Copyright ⓒ 2014 by SDX Joint Publishing Company.
All Rights Reserved.

本作品版权由生活·读书·新知三联书店所有。
未经许可，不得翻印。

图书在版编目（CIP）数据

妆匣遗珍 / 杭海著. —北京：生活·读书·新知三联书店，2014.9
(2019.11 重印)
ISBN 978 - 7 - 108 - 05076 - 2

Ⅰ.①妆… Ⅱ.①杭… Ⅲ.①银－首饰－介绍－中国－明清时代~民国　Ⅳ.①K875.2

中国版本图书馆 CIP 数据核字（2014）第 142130 号

责任编辑	徐国强
装帧设计	康　健
责任印制	徐　方
出版发行	生活·讀書·新知 三联书店
	（北京市东城区美术馆东街22号 100010）
网　　址	www.sdxjpc.com
经　　销	新华书店
印　　刷	北京图文天地制版印刷有限公司
版　　次	2014 年 9 月北京第 1 版
	2019 年 11 月北京第 2 次印刷
开　　本	720 毫米 × 965 毫米　1/16　印张 27
字　　数	90 千字　图 700 幅
印　　数	07,001 - 11,000 册
定　　价	98.00 元

（印装查询：01064002715；邮购查询：01084010542）

目录

目录

缘　起 ………………………………… 壹

第一章　发　饰 ……………………… 柒

第二章　耳　饰 ……………………… 壹陆叁

第三章　项　饰 ……………………… 壹玖壹

第四章　手　镯 ……………………… 贰陆壹

第五章　戒　指 ……………………… 叁壹叁

第六章　佩　饰 ……………………… 叁柒叁

附　注 ………………………………… 肆壹壹

缘起

受我的老师郝蕴琴、颜广仁夫妇的影响，我自1995年开始收集中国汉族传统银首饰，至今已有近十个年头。开始时只是好奇、感兴趣，而且以实用为主，主要收集现在还能戴的品种，如戒指、手镯，随着藏品的不断增多，慢慢地我对传统银首饰有了一定程度的体会与感悟。这期间，郝蕴琴及颜广仁先生将他们银饰收藏的实践经验手把手地传授给我，使我少走了许多弯路，并减少了购买赝品的次数。受我的影响，我妻弟贺今近年来也开始收藏银饰，其藏品虽少，然精品居多，是所谓后来者居上。

银饰是明清至民国时期中国妇女最常用的饰物之一，种类繁多，数量巨大。民国以后，随着生活方式的激变及女性妆饰的日渐西化，城市妇女不再佩戴传统银饰，但在一个相当长的时期，佩戴银饰的旧俗仍然遗存于中国的乡村生活之中。近年来，随着史无前例的大规模的城市化进程，中国乡村的自然及人文环境已发生了剧烈的改变，传统的习俗日渐淡化，甚至濒临消亡。矗立百年的民居被推倒，精美的窗花被卖掉，祖上的遗物被文物贩子以低价洗劫一空，银饰自然也不能幸免，越来越多的银饰散落于各地的古玩市场。随着老一辈人的离世，今天的我们已越来越难分清它的原产地、种类及用途。

过去很少有人对传统银质首饰进行专门研究。近年来随着国际银质首饰的持续风行，越来越多的人开始关注、收藏、研究中国传统银质首饰，其中既有海内外的资深藏家，也有艺术家及收藏爱好者，同时更有许多受"怀旧"风尚影响的年轻人。这样一来，银饰精品越收越少，而赝品越来越多，且越仿越精，极难辨别。自 2002 年以后，传统银饰价格越来越高，仿品也越来越多，我和我的老师几乎不再购买新的饰件，倒是我的妻弟贺今，执着专一，虽吃过亏、上过当，依然乐此不疲地从事银饰的收藏。在过往的一年中，我开始整理我们收藏的几千件银饰，并决定写一部传统银饰的专著，以总结这么多年的收藏经历，算是对曾经投入的时间与精力的一个交代。然而一旦开始写，便立即发现其中的难度。由于地域广阔、历史久远，传统银饰的沿革往往渊源不清，枝蔓庞杂，加之资料的零散与匮乏，曾一度让我产生放弃的念头。但我的银饰收藏经历告诉我，要不了二十年，就更没人能弄清银饰的事情了，于是横下心来，勉为其难，遂有了这一本厚厚的册子。书中近千张的首饰图片，令人目不暇接，然而就我曾经过眼的银饰而言，可谓是沧海一粟。

写作过程中，每每夜阑人静，独自披阅书稿，看着这许

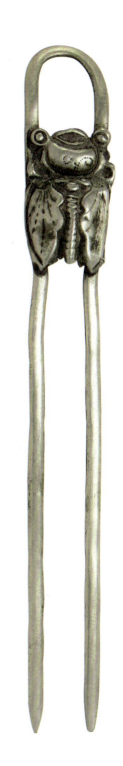

许多多、各式各样的精美银饰,不免神思不定,有时光倒流、恍如隔世之感:一枚小小的银戒,不知曾穿过哪位女子的玉指;一根长长的发簪,不知曾绾住哪位女子的青丝,曾凝结怎样的情怀与企盼……银饰依旧,朱颜不再,千件遗物,穿越百年,透露着无常的消息。所以我更愿意将这本关于隔世旧物的册子看做情与爱的遗存,以此见证中国女性曾独有的风姿与遗韵。"曾经沧海难为水,除却巫山不是云。"

  在我决定写这本书之后,郝蕴琴、颜广仁先生慷慨地提供了他们所有的银饰收藏,正如各位所见,本书中有近一半的银饰是由我的两位老师提供的,他们对我的帮助与关心远远超过了一个老师应该做的;我的妻子贺阳,作为一位专业的服装设计师,从服饰史的角度给我以建议与帮助,使得本书的行文保持了必要的专业素质;妻弟贺今,为人仁厚,做事专一,整本书的图片处理及文图编排大部分由他完成,投入的精力与时间之巨可想而知,没有他的帮助,就不会有而今这样精彩的画面;我的中学好友许一凡女士,几经波折,在美国帮我搜寻到已绝版的有关19世纪中国妇女妆饰的早期摄影书籍,为本书提供了难得的图像资料;生活·读书·新知三联书店一直是我最心仪的出版社,在三联书店出一本有关传统文化的书是我平生诸多心愿之一，于是我直接找上门去，最终梦想成真……凡此种种，不一而足。

我一直相信，任何事情的玉成，都是"众缘和合"的结果，而非一己之力所为，"法不孤起，仗境方生"。在此我诚挚地感谢促成本书出版的所有的人与事的助缘。

杭 海
2004 年 6 月 30 日夜于望京花园

第一章 发饰

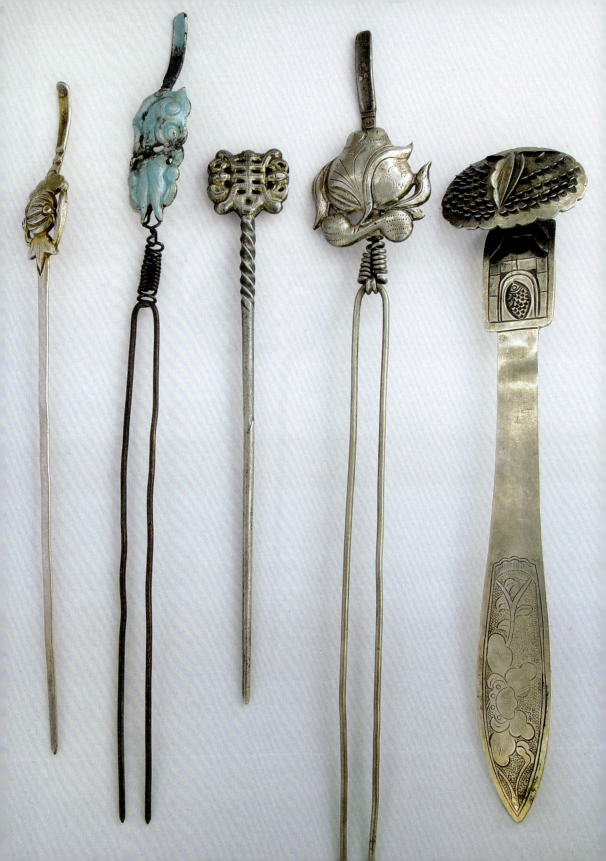

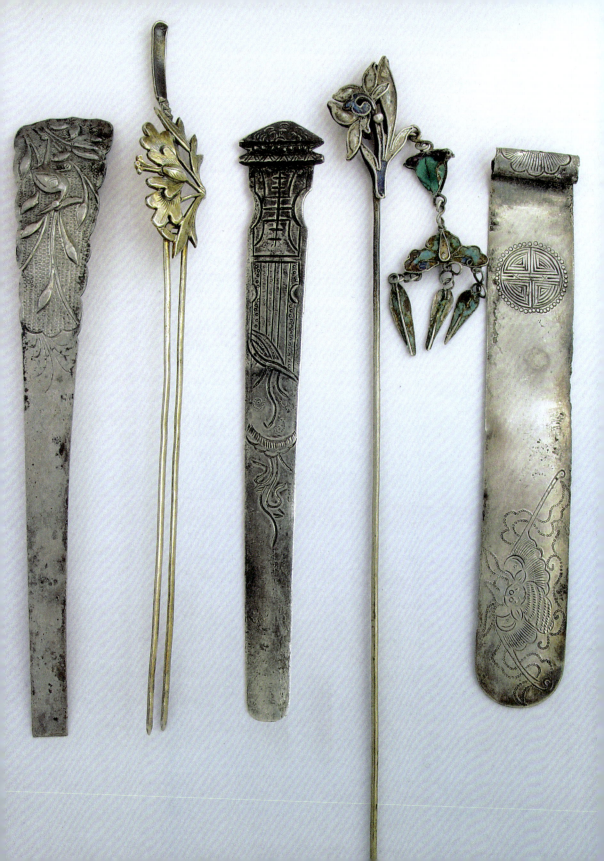

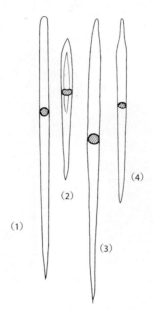

骨笄
(1) 圆箸式 (2) 柳叶式 (3) 棒式 (4) 两头尖式
(1)(2) 为河北磁山遗址出土；(3)(4) 为西安半坡遗址出土

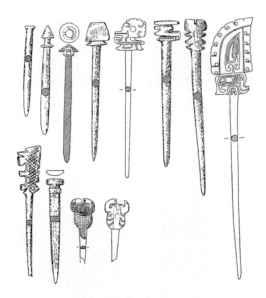

安阳殷墟妇好墓出土的各式骨笄
样式多变，雕刻精美，反映出墓主人妇好的尊贵身份以及当时笄插簪戴形式的多样

第一章 发饰

矮堕绿云髻，欹危红玉簪。

——唐·李商隐《深树见一颗樱桃尚在》

簪的本名称"笄"(《说文》："笄，簪也。"），是中国古代束发盘髻的工具。在古代，汉族的结发方式，无论是辫发盘髻，还是束发着冠，均须用簪钗约束固定。依据礼制，女子年十五，如已许婚，则结发上笄，古称"及笄"，须行"笄礼"，以示成年，可以婚嫁;男子年二十，被视为成年，须行"冠礼"，冠左右留有小孔，加冠时，用笄横贯固定在发髻之上。

就材料而言，竹子是古代发笄最早使用的材料，故笄字从"竹"。上古时期多用竹、木、玉、石、蚌、骨等材料制笄，发笄形制朴素，以实用为主。由于竹木难存，现在能见到的上古发笄多为玉、石、骨制品。骨笄的制作始于新石器时代，较早的遗物发现于河北磁山遗址。至仰韶文化时期，半坡遗址出土的石、陶笄与骨笄达七百多件。在安阳殷墟5号墓中，妇好一人即随葬精美玉笄二十余件，雕花骨笄四百九十余件，可想当时发笄种类及簪戴形式的多样。

《诗经·鄘风·君子偕老》中有"君子偕老，副笄六珈"的诗句，副是一种覆之于首的饰物，编发为之，类似假髻，别

根据河南光山宝相寺春秋孟姬墓出土实况绘制的盘髻上笄图

宋代《浴婴图》中所绘加珠翠芭蕉髻

清末江南妇女发髻

古时候孩子年幼时，将头发集束于顶，梳成两个左右对称的丫髻，形似树的枝丫或兽角。《诗经·齐风》："婉兮娈兮，总角卯兮。"所以旧时称童年为总角之年，而民间习惯称女孩子为"丫头"。等到女子年满十五岁时，便视为成年，如已许嫁，便将头发上绾于脑后，盘成发髻，用簪贯连固定。在乡村，这一习俗一直沿袭至今。盘髻上笄是乡村妇女可以婚嫁的重要标志，江南一带称为"上头"，古称"及笄"，表示女子成年，可以嫁人。
《聊斋志异》卷一《青凤》记云："闻人语切切，潜窥之……东向一少年，可二十许，右一女郎，才及笄耳。""才及笄耳"就是刚刚成年之意

妆匣遗珍

壹 贰 ○

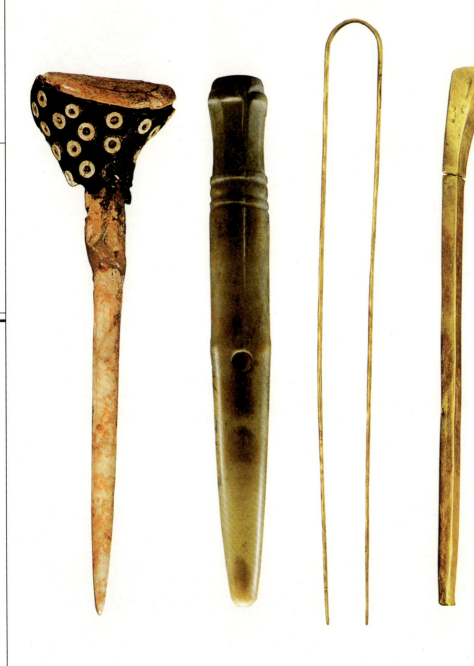

之以笄；珈为笄上最隆重的饰物，形似后世的步摇。周锡保先生认为："侯伯夫人的首饰有六物加饰于副上，虽未言后之饰如何，推之当为十二珈之饰。"（《中国古代服饰史》，中国戏剧出版社1984年版，第52页）按《晋书》卷十九："蚕将生，择吉日，皇后着十二笄步摇，依汉魏故事，衣青衣，乘油画云母安车，驾六騩马。"十二笄应为周制首服最高等级的首饰。周朝男女都用笄，男以固冠，女以簪发。

秦汉以后，笄改称"簪"。《释名》："簪，建也，所以建

宋·李公麟《九歌图》中戴进贤冠的男子

古代男子用笄，多横贯椎髻，或用发冠将发髻套住后，再以发笄穿过冠下的孔，将之固定。所以古代的冠冕多设有穿笄用的小孔。固定冕冠的笄称为"衡笄"，周朝设"追师"之职加以管理。
古代男子到二十岁时，被视为成年，须举行加冠的典礼，称为"冠礼"。《礼记·曲礼》："男子二十冠而字。"
秦汉时期，有身份的士人头上加冠，无身份的庶人以巾裹头。冠在当时是区分品级身份的基本标志之一。据史料记载，汉代的冠式品种多样，主要有冕冠、长冠、委貌冠、爵弁、通天冠、远游冠、高山冠、进贤冠、发冠、武冠、建华冠、方山冠、术士冠、却非冠、却敌冠、樊哙冠等。此后历代男子发冠的演变均以此为基础

宋·伍宗元《朝元仙仗图卷》中戴通天冠的东华天帝君

左页图（从左至右）：
马厂类型骨笄
（甘肃永昌县鸳鸯池出土）
用黑树胶制成圆锥形的笄首，上嵌白珠36颗，顶部粘圆形骨片
商代玉笄
（湖北省黄陂区李家嘴22号墓出土）
战国金钗
（北京延庆区古城战国墓出土）
商代金笄
（北京平谷区刘家河村商墓出土）

沂南画像石中戴笄的汉代妇女
头饰数笄，旁插一横簪，手执之物为化妆用镜台

唐代永泰公主墓石刻线画
图为插卷草纹长簪的唐代妇女，窄袖长裙，外罩半臂加帔帛，袒胸，高髻，下着重台履

冠于发也。"发簪的材料开始改变，玉、玳瑁、犀角、琉璃、铜、金、银、翠羽等贵重材料的运用，使得制簪工艺与形式日趋考究与繁复，本来以实用为主的发簪逐渐成为贵族妇女塑造、美化发式的重要装饰物，甚至是炫耀财富、区别身份的标志。

东汉妇女实行花钗制，常于发间斜插六钗，或再另加步摇，盖本于周朝"副笄六珈""副彼六笄"的古制。当时贵族妇女的发式以高大为美，"城中好高髻，四方高一尺"，在真发中掺入假发，梳成浓密高耸的发髻，是当时贵妇的流行发式。此种发髻须插入数根发簪方能固定，也有直接以假发做成的发髻，戴时则须以较长的发簪固定。假髻的流行使得汉代妇女发簪使用数量增多，形制增大，出土的汉簪长度多在20厘米左右。如长沙马王堆1号汉墓出土的玳瑁发簪就长达24厘米。

两汉经魏晋一直到隋唐，盛行双股素钗的形制，这与高髻的持续风行密不可分。双股素钗的实用功能远大于装饰功能，主要是起固定发髻的作用。晚唐时为适应颇为夸张的高髻，曾出现过长达30—40厘米的长钗，如西安南郊惠家村出土的唐代双凤纹鎏金银钗，就长达37厘米，钗头饰有镂空的双凤及卷草纹样。

河南南阳画像石上的汉代高髻侍女

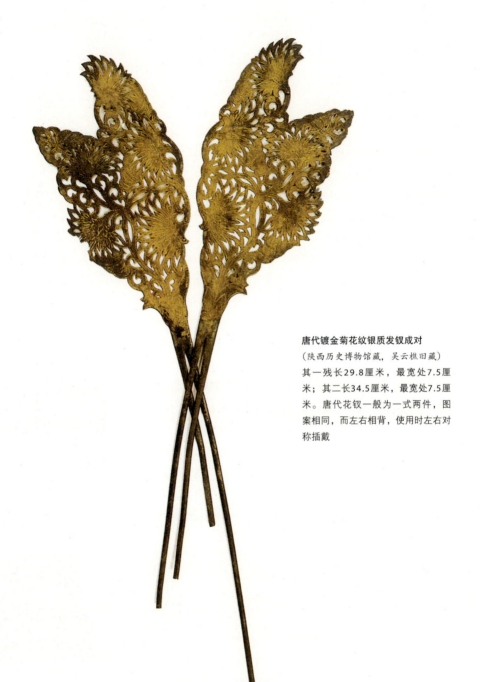

唐代镀金菊花纹银质发钗成对
（陕西历史博物馆藏，吴云樵旧藏）
其一残长29.8厘米，最宽处7.5厘米；其二长34.5厘米，最宽处7.5厘米。唐代花钗一般为一式两件，图案相同，而左右相背，使用时左右对称插戴

唐代妇女的发饰极为丰富，常见的有：簪、钗、梳、篦、步摇、翠翘、珠翠、金银宝钿、搔头等。女性发饰是唐诗中常见的描写对象："雾冷侵红粉，春阴扑翠钿"（唐·杜牧《代吴兴妓春初寄薛军事》）；"丽人绮阁情飘飘，头上鸳钗双翠翘"（唐·韦应物《长安道》）；"灯前再览青铜镜，枉插金钗十二行"（唐·施肩吾《收妆词》）；"花钿委地无人收，翠翘金雀玉搔头"（唐·白居易《长恨歌》）……唐代妇女发饰不仅品种繁多，而且插戴数目也极多，而花钗礼衣制的实行，更将发饰盛妆推向了极致。花钗礼衣制始于唐开元天宝年间，妇女在婚嫁等重要时刻，须穿戴花钗礼衣。《新唐书》卷二十四："花钗礼衣者，亲王纳妃所给之服也。大袖连裳者，六品以下妻、九品以上女嫁服也。青质，素纱中单，蔽膝、大带、革带、袜、履同裳色，花钗，覆笄，两博鬓，以金银杂宝饰之。庶人女嫁有花钗，以金银琉璃涂饰之。连裳，青质，青衣，革带、袜、履同裳色。"不同等级的妇女花钗礼衣的制式有所不同，其中花钗的使用有严格的等级规定，如一品命妇花钗九树，二品命妇花钗八树，三品命妇花钗七树，四品命妇花钗六树……从传世的绘画中可略见当时花钗礼衣的绚丽多姿：盛装的贵妇们扫黛眉、描面靥、抹胭脂、施鹅黄、戴璎珞、着华服，梳高髻，配

双股银质素钗

（长8.5厘米，杭海收藏）

发钗双股，简约素雅，形制有唐风，出土地区及年代不明。古玩市场中常见各类出土首饰，言及来历，商贩多闪烁其词，或任意编造，所以往往只能略断其新老，而不敢妄言其确切年代

唐代"拨"形发簪

（西安郊区出土）

扇形簪首，形似弹琵琶用的拨子，簪首錾刻、锤锻花卉纹样。唐·冯贽《南部烟花记》记述隋炀帝的宫人朱贵儿插"昆山润毛之玉拨"，应是指此类型的簪子

右图：五代·顾闳中《韩熙载夜宴图》局部

画中弹琵琶的侍女拨弹所用拨子，其形近似扇形，是以为参照

以满头的金银花钗、梳篦宝钿,让人不由得感喟盛世衣妆的繁复与奢华。

盛装的五代妇女
(敦煌莫高窟61窟供养人壁画)
画中女子头饰花钗、步摇、钿花等发饰,左边的妇女头上是一只巨型的凤形发饰,从此图中可以体会花钗礼衣的隆重与奢华

第一章 发饰

壹玖〇

唐代铜镀金发钗
（残长18.5厘米，钗首宽2.5厘米，
郝蕴琴、颜广仁收藏）

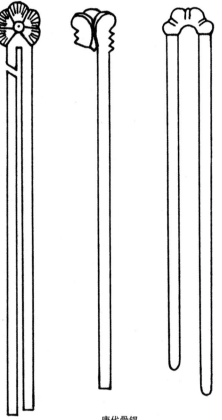

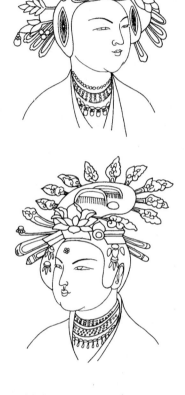

唐代骨钗

（江苏扬州唐城遗址出土）

金银花钗满头、梳篦钿花堆盈的唐代妇女

第一章 发饰

贰 壹 〇

宋代半月形卷草狮子纹银梳
(江西彭泽北宋易氏墓出土)
采用模压、锤锻、錾刻、焊接等工艺制成，形制精美富丽，有盛唐遗韵

唐代鸿雁衔枝纹金质梳背
(长7.5厘米，高1.8厘米，厚0.16厘米，陕西西安东郊韩森寨唐墓出土)
工艺以金框内填金珠为地，留白处框为鸿雁衔枝纹样。唐代妇女流行以金玉小梳为发饰，"满头行小梳，当面施圆靥"（唐·元稹《恨妆成》）

"门前一尺春风髻"，宋代发饰沿袭唐制，高髻之风依旧盛行，同时又流行戴各式冠子。仁宗时宫中以白角为冠，冠横长等肩。戴此种大冠，乘轿时须侧首方能入轿。《宣和遗事》中形容令宋徽宗迷恋的李师师"弹肩鸾髻垂云碧"，"弹肩"是形容冠横长下垂及肩。高髻大冠的流行，使得奢靡之风日盛，宋太宗曾屡发禁令加以整肃。马端临《文献通考》中记载："皇祐元年诏，妇人所服冠，高毋得逾四寸，广毋得逾一尺……"宋代女性发饰除簪钗花钿外主要还有发梳，材质有象牙、兽角、玳瑁、木、银等。据陆游《入蜀记》记载，西南一带的妇女，"未婚嫁者率为同心髻，高二尺，插银钗至六支，后插大象牙梳，如手大"。出土的宋代发梳也屡见不鲜，如山

左页图：南宋《歌乐图卷》局部
画中女子皆高髻加白角冠。宋·周辉《清波杂志》卷八："先是宫中尚白角冠，号内样冠，名垂肩、等肩，至有长三尺者，登车檐皆侧首而入。"

第一章 发饰

明代木刻版画《重校元本大板释义全像音释琵琶记》之"对镜梳妆"插图图中一女子梳垂式低髻，正在对镜插簪

西太原小井峪出土的镂刻木梳、福州南宋黄升墓出土的半月形角梳等。最著名的当属江西彭泽北宋易氏墓出土的半月形卷草狮子纹银梳，精致富丽，存有唐代遗韵。

明朝以后，高髻之风日渐式微，当时典型的高髻名为"牡丹头"，其高度已明显收敛。江南一带开始时兴垂式低髻，如"桃心扁髻""堕马髻"等。明·范濂《云间据目钞》卷二记述上海、松江一带的妇女发饰："妇人头髻，在隆庆初年皆尚圆褊，顶用宝花，谓之挑心，两边用捧鬓，后用满冠倒插，两耳用宝嵌大镮，年少者用头箍，缀以圆花方块……挑心定髻、鹅胆心髻，渐见长圆，并去前饰，皆尚雅装。梳头如男人直罗，不用分发，蝶鬓髻皆后垂，又名堕马髻。"另据杨用晦《冠约》记云："妇人之髻，时样屡易，有金髻、银髻、珠髻、玉髻、发髻、翠髻、字髻"；"妇人之髻，越变越新，或曰松头，又为精头，又有重发，头有一岁而三易新样者"。可见当时妇女发式种类繁多，复杂多变，带之而来的是簪钗在使用上的细分。簪钗有长短，使用时，用于发髻正面的簪钗称为"挑心"，用于侧面的称为"掩鬓"，用于顶部的称为"顶簪"，用于发髻后部的称为"分心"。

明代发簪常见的有：簪、簪导、掠子、掠鬓、搔头、一

梳牡丹头的明代妇女
(明代绘画《缝衣图》局部)
画中女子梳牡丹头，插双簪，戴金银质发箍。牡丹头的梳理方式为：先将头发聚拢至头顶，以丝带或发勒扎紧，再将头发分为数股，每股圈形上卷至头顶，最后以发箍固定，其形似牡丹盛开，故名为牡丹头

丈青等。簪导为男子冠冕用簪，掠子、掠鬓、搔头皆掠发用的簪子，一丈青则为兼具挖耳功能的簪子。明代命妇流行插戴装饰性极强的金质花钗，汉魏至隋唐盛行的双股素钗制，到明代已彻底终结。明代花钗的使用有严格的品级规定，如洪武元年规定：命妇一品，冠花钗九树，两博鬓，九钿；二品，冠花钗八树，两博鬓，八钿；三品，冠花钗七树，两博鬓，七钿；四品，冠花钗六树，两博鬓，六钿……依次递减。不同品级的命妇首饰材料也有所规定："一品、二品，金玉珠翠。三品、四品，金珠翠。五品，金翠。六品以下，金镀银，间用珠。"而普通妇女的首饰基本以银质为主，如洪武三年规定："士庶妻，首饰用银镀金，耳环用金珠，钏镯用银……"银质首饰的制作与佩戴在明代非常普遍与流行，城乡间的首饰作坊及商号比比皆是，并常以"银楼"名之，这一习俗一直沿袭至今。

明代南方手工艺高度发达，金银首饰工艺的制作水平达到前所未有的高度，特别是镶嵌、花丝、錾刻、制胎等综合工艺已十分纯熟，其代表作如明益庄王墓出土的人物楼阁金簪，楼阁不过方寸，人物只一分些许，结构复杂，布局合理，工艺精巧绝伦。在明嘉靖至万历年间的通俗小说中，留有名目的民间金银首饰达百十种之多，并常有简略的描述。如《金

第一章 发饰

明代累丝嵌宝金钗
（长13.6厘米，最宽处4.6厘米，北京海淀区青龙桥董四墓村明墓出土，首都博物馆藏）

左页图：明代金簪背部
（长14.4厘米，最宽处7.1厘米，北京海淀区青龙桥董四墓村明墓出土，首都博物馆藏）
金簪采用锤锻、累丝、镶嵌、焊接等多种工艺制成，细致入微，精美绝伦

妆匣遗珍

⓲⓼○

瓶梅》第十三回："那西门庆便满脸儿陪笑说道：'……今日教我捎了这一对寿字簪儿送你。'……金莲接在手内观看，却是两根番纹低板、石青填地、金玲珑寿字簪儿，乃御前所制造，宫里出来的，甚是奇巧。"当时贵族妇女或殷实人家用十两至数十两金银珠翠打制十来件一套的头面首饰，也是稀松平常之事。

明·范濂《云间据目钞》卷二中曾详细记载江南妇女的发饰："旁插金玉梅花一二对，前用金绞丝灯笼簪，两边西番莲梢簪插两三对，发眼中用犀玉大簪横插一二支，后用点翠卷荷一朵，旁加翠花一朵，大如手掌，装缀明珠数颗，谓之'鬓边花'，插两鬓边，又谓'飘枝花'，耳用珠嵌金玉丁香……"又如《金瓶梅》第二十回："妇人身穿大红五彩通袖罗袍儿……胸前项牌缨落，裙边环佩玎珰，头上珠翠堆盈，鬓畔宝钗半卸，紫瑛金环耳边低挂，珠子挑凤髻上双插，粉面宜贴

左页图：清末婉容皇后的传世照片
"绿云鬓上飞金雀，愁眉敛翠春烟薄。"婉容头戴珠玉金凤

明代《列女传》木版插图
画中女子梳高髻，插凤形簪钗。明代命妇戴的冠主要是后世所称的"凤冠"，如"龙凤冠""翚冠""翟冠"等。"翚"是指有五彩羽毛的野鸡，"翟"是指有长尾羽毛的野鸡，皆形似凤。明清以后，凤簪、凤钗是最流行的妇女发饰，在明清木刻版画及仕女画中，凤形簪钗是画家最常表现的女性饰物

第一章 发饰

翠花钿……"透过这些记载与描述，我们不难想象明代妇女簪钗错落、珠翠堆盈的富丽气象。这种意尚奢华的风气到明末发展到极致，无论是大家闺秀，还是优伶婢娟，无不锦罗裹身，珠翠满头，以艳妆盛饰为尚。尊卑无等，贵贱不分，就连素寒女子，亦倾囊而出，以争尚华丽，斗娇竞媚。明·顾起元在《客座赘语》中不无讽刺地描述："家才儋石，已贸绮罗，积未锱铢，先营珠翠。"同时衣饰流行周期骤然变短，"留都（即今天的南京）妇女衣饰，在三十年前犹十年一变，迩年以来，不及二三岁，而首髻大小高低，衣袂之宽狭修短，花钿之样式，渲染之颜色，鬒发之饰，履綦之工，无不变易"。它从一个

第一章 发饰

明代《帝后嫔妃图》局部
（山西博物院藏）
画中妇女身着锦绣华服，胸前项牌璎珞，头戴金银珠翠头箍，耳饰金玉珠坠，一派雍容华贵的富丽气象

左页图：牡丹纹银镀金发簪残件
（宽5.5厘米，出土残件，年代不明，杭海收藏）
錾花铲地工艺，錾工精练流畅，铲地深入高起，花瓣饱满肥厚，花形雍容富丽，有大明风韵

妆匣遗珍

第一章 发饰

明代凤形金簪
(长24.2厘米,最宽处8厘米,北京艺术博物馆藏)
金簪采用模压、錾刻、焊接等多种工艺制成,工艺精绝,为宫中之器

左页左图:**明代凤形金簪**
(长21.2厘米,北京右安门外明墓出土)
金簪采用锤打、錾刻、焊接等多种工艺制成,簪柄刻有"银作局永乐二十二年拾月内成造玖成色金壹两贰钱伍分外焊伍厘"铭文。工艺精绝,应为宫中后妃用器

左页右图:**清·冷铨《仕女图》**
图中央的女子头插凤簪

在明清小说中,对女性发饰的描写,凤形簪钗也是最常见的物件,如《金瓶梅》第二十回:"妇人道:'我不好戴出来的。你替我拿到银匠家毁了,打一件金九凤垫根儿,每个凤嘴衔一溜珠儿……'"又如《红楼梦》第三回中形容王熙凤:"这个人打扮与众姑娘不同,彩绣辉煌,恍若神妃仙子:头上戴着金丝八宝攒珠髻,绾着朝阳五凤挂珠钗,项上戴着赤金盘螭璎珞圈,裙边系着豆绿宫绦,双衡比目玫瑰佩……""朝阳五凤挂珠钗"是指钗头分五股,每股一只凤凰,口衔一串珍珠

妆匣遗珍

叁肆〇

侧面折射出明末庶民百姓躁动不安、及时行乐的末世心态。

清人入关之初，清廷强令剃发易服，后采纳明朝遗臣金之俊"十不从"的建议，即"男从女不从，生从死不从，阳从阴不从，官从隶不从，老从少不从，儒从而释道不从，娼从而优伶不从，仕宦从而婚姻不从，国号从而官号不从，役税从而语言文字不从"。故清初之际，汉族普通妇女发式仍沿明制，当时以苏州地区的妇女发式为时尚，著名的发式有"牡丹头""荷花头""钵盂头"，等等。"闻说江南高一尺，六宫争学牡丹头。"此三种发式属于高髻，此外尚有垂髻，如"堕马髻"。南朝梁·徐陵《玉台新咏》："妆鸣蝉之薄鬓，照堕马之垂鬟。""堕马髻"始于汉代，其式若人之堕马，故名之"堕马髻"。清中期以后，又兴元宝头，鬓发如翼，髻则叠发高盘，翘起前后两股，中间插簪。至嘉道、咸丰年间，高髻渐趋横长、下垂，"长髻下垂遮

苏州桃花坞版画上的清初高髻女子

第一章 发饰

叁伍〇

左页图（从左至右）：
方胜形梅花纹银簪
（长9.6厘米，郝蕴琴、颜广仁收藏）
福在眼前纹银质扁簪局部
（簪首长4厘米，宽2.5厘米，郝蕴琴、颜广仁收藏）

民国时期梳刘海的青年女子

图中女子发式光素雅洁，身穿中式斜襟盘扣衣裳，除却一对耳坠，并无其他饰物。这位不知名的女子以一种出奇冷静的目光注视着镜头，背后的西番莲纹样的椅子则透露出西渐的消息。

"刘海"一名源自于民间绘画"刘海戏金蟾"，因这种发式与画中刘海的发式相似，故称之为"刘海"。"刘海"的形式主要有以下三种：一、"一字形"，长约二寸许，发梢修剪成一字状，覆盖于双眉之上；二、"垂丝形"，额发呈圆角，上下若垂丝；三、"弯月形"，额发内卷，弯曲如月

脊背，也将新样学苏州"。清末又有"苏州厥""平三套""连环髻""巴巴头""双盘髻""圆髻""长寿""双飞蝴蝶"等髻式。光绪以后，未婚女性多用"双丫髻""蚌珠头"或垂辫于后，而已婚妇女多梳圆髻，或加细线网结，以光洁为尚。庚子以后，则不分长幼，皆短发覆额，是所谓"刘海"，其式或平直如线，或形似弯月，或状若垂丝。在清代长达二百多年的历史时期，由于中国地域广阔，各地区发展极不均衡，有些地区如苏州、南京在当时是开风气之先的时尚之都，发式式样日新月异，以时新为要；而相对偏僻的地区如闽南、贵州等地，由于地理原因造成隔绝与闭塞，发式多沿古制，历百年不变。极端的例子如贵州安顺天龙堡地区的汉族妇女，至今仍保持着明代发式。据《安顺府志》记载："妇女以银索绾髻，分三绺，长簪凤阳妆也。"三绺头的梳理方式为：将头发分为三绺，左右两小绺倒绾上去，在耳际弯成薄鬓，后面一绺绾在脑后，用两支玉簪十字交叉别在圆髻上，玉簪上坠有银链。三绺头是源于明朝安徽凤阳地区的古老发式。又如早年间惠安地区的妇女，头戴前伸黑头罩，上作双角兽状，发髻上插三支刀剑形簪子，称为三条簪。三条簪多用银制，或用白铜，每条重七八钱至一两，簪的形状扁平如剑，上尖，剑身镂刻花纹。中一簪剑

三绺头的背部
（贺阳插画）

两支玉簪十字交叉别在圆髻上，玉簪上坠有银链。年轻的已婚妇女包白帕，老年妇女包青帕，戴银耳环。贵州安顺天龙堡地区的汉族妇女，至今仍保持着明代发式

第一章 发饰

左页右图：寿字纹银镀金耳挖簪
（长14厘米，郝蕴琴、颜广仁收藏）

刃向上，旁两簪左右交叉，刃皆向外。以兵器为发饰的古风早至晋代，《晋书》卷二十七记云："晋惠帝元康中，妇人之饰有五兵佩，又以金、银、玳瑁之属为斧、钺、戈、戟，以当笄。"三绺头、三条簪等均是流传至今的古代发式的重要遗存，遗憾的是，随着交通、通信的改善，生活方式的改变，许多古风旧俗近年来已几近绝迹。

就流传至今的银质簪钗实物而言，整体看来，其基本形制及功能大同小异，但不同地区的产品在材质、功用特别是风格上仍存有地区性差异。如南方地区，江浙一带的银饰，纯度高，成色好，做工精良，强调质素之美，形制典雅，风格写实，中规中矩；闽南一带的银饰，形制独特，风格繁复细腻，做工多层雕累塑，须近观方知其妙；而北方地区，晋做银饰，其形制大度又极其精致，有巧思妙想，又有人文底蕴，加之良工精作，远观近察均无懈可击；河南地区的银饰，成色一般，做工粗率，但风格古拙雄浑，小件而有大气象……还有一些极特别的发饰可能只适用于某一特定地区的特定发式，更有些罕见品种已说不清其名称或功用。

清代至民国，普通妇女的簪、钗发饰材料，有金、银、铜、骨、木、玉、玳瑁、珊瑚等，富者为金质，一般为银质，

上图：**观音送子纹银质发簪残件**
（福建地区产品，杭海收藏）
下图：**连（莲）生（笙）贵子纹银质短簪**
（长7厘米，山西地区产品，杭海收藏）

左页图：**麒麟送子纹银质发簪**
（长13厘米，簪首高6厘米，宽8.5厘米，山西地区产品，郝蕴琴、颜广仁收藏）
纹样为童子戴冠，手持莲花，麒麟回首向日，前后有童男童女相随。模压锤锻透雕工艺，做工精湛，银质纯正

第一章 发饰

贫者为铜质,其中银质簪钗最为普遍。毛泽东在《寻乌调查》一文中曾写道:"寻乌的妇女们也和别的封建经济没有彻底破坏的地方一样,不论工农商贾,不论贫富,一律戴起头上和手上的装饰品,除大地主妇女有金首饰外,一概是银质的。每个女人都有插头发银簪子和银耳环子,这两样无论怎么穷的女子都是要的。手钏和戒指也是稍微有碗饭吃的女人就有……打这种首饰的店子本城有七家之多,每家只要几十元做本。他们的首饰,一部分是人家来定做的,一部分是用个小匣子装着背往四乡去卖的。七家首饰店中,有四家是一个老板、一个工人、一个徒弟,三个人做事,一家是四个人做,一家是两个人做,另一家只一个人做。"(见《毛泽东文集》第一卷,《寻乌调查》第三章"寻乌的商业")其实这种个体首饰制作与买卖的传统早在明代即已盛行,《金瓶梅》第九十回:"来旺儿道:'……我便投在城内顾银铺,学会了此银行手艺,各样生活。这两日行市迟,顾银铺教我挑副担儿,出来街上发卖些零碎。'"有趣的是这种走街串巷以买卖珠花钿翠为营生的小人物,在明清通俗小说中常常是闺门不谨的契机。上文中的来旺儿是一个走街串巷、以替人买卖金银首饰为生的人,明代称这种人为"摇惊闺的"。"惊闺"是类似后来的拨浪鼓的东西,"惊闺"一词十

插发簪的清代女子传世照片
女子盘髻上头,左右横插扁簪,中间竖插一锥形发簪,形制高古

左页图:义德隆记银质扁簪
银饰上常有银楼的字号,如这一件扁簪背部的字号为"义德隆记"。"德"字中间少一横,字体道劲有力,颇有大明宣德款识的意趣

第一章 发饰

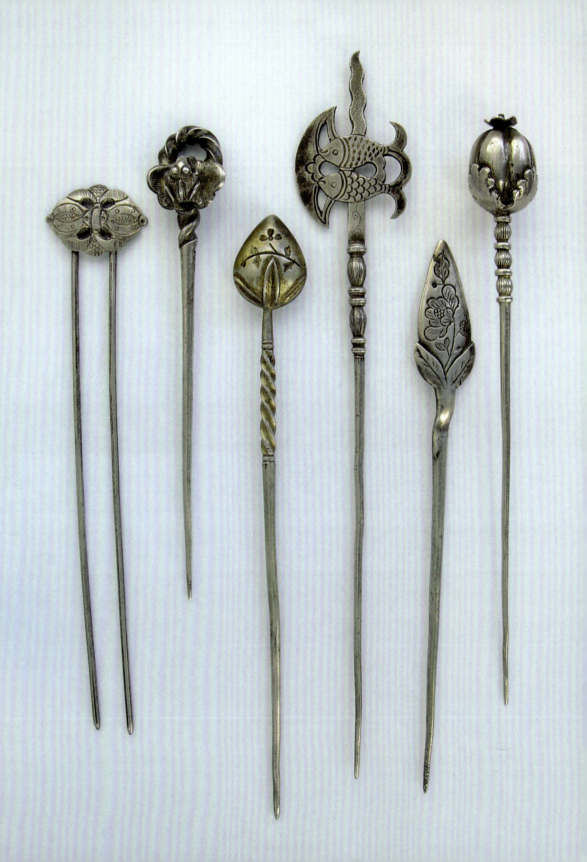

如意纹银质发簪
(长12.7厘米，郝蕴琴、颜广仁收藏)
片状簪股，上窄下阔，錾刻双蝠拱寿、瓜瓞绵绵等吉祥纹样，簪首模压、锤锻如意纹

分生动，意指用声响引起闺阁女眷的注意。当时卖脂粉、花翠和磨镜子的都摇"惊闺"，来旺儿正是利用这一身份频繁出入西门庆宅第，与西门庆之妾孙雪娥勾搭成奸并合伙偷盗财物私奔；又如《贪欢报》第四回中，广东珠商丘继修也是扮成走街串巷专事珠花钿翠生意的卖婆，潜入张府，酝酿奸情，毁了张夫人的清誉。以首饰为缘起的奇闻逸事、情爱故事在明清小说中屡见不鲜。如明代《刘必希金钗记》、明·高濂所著《玉簪记》、明·汤显祖所著《紫钗记》(又名《霍小玉传》)等，其中以《紫钗记》最负盛名。该剧以紫玉钗为线索，讲述了唐代陇西才子李益与女子霍小玉之间离奇曲折的爱情故事。

另据绍兴《会稽县劝业所报告册》记载：1911年，会稽县有首饰铺四十家，前店后坊，从事生产和销售，其中以银楼所产饰品尤受顾客喜爱。1946年，绍兴城区有银楼十七家，以天成银楼规模最大，义源森、老天成恒记次之。产品有孩镯、锁片、项圈等儿童饰品，耳环、戒指、发钗、簪等妇女首饰，风格独特，做工精巧。这些描述与记载可视为旧中国城乡银饰制作与使用的缩影。

就形制而言，单股笄称"簪"，双股笄称"钗"，笄首有垂珠坠饰者称为"步摇"。

左页图（从左至右）：
花果纹银质发钗（长9.3厘米，郝蕴琴、颜广仁收藏）
蛙纹银质发簪（长8厘米，郝蕴琴、颜广仁收藏）
花果纹银质发簪（长10.3厘米，郝蕴琴、颜广仁收藏）
双鱼戟形银质发簪（长12.4厘米，郝蕴琴、颜广仁收藏）
桃纹银镀金发簪（长9.5厘米，郝蕴琴、颜广仁收藏）
果实纹银质发簪（长10厘米，郝蕴琴、颜广仁收藏）

第一章 发饰

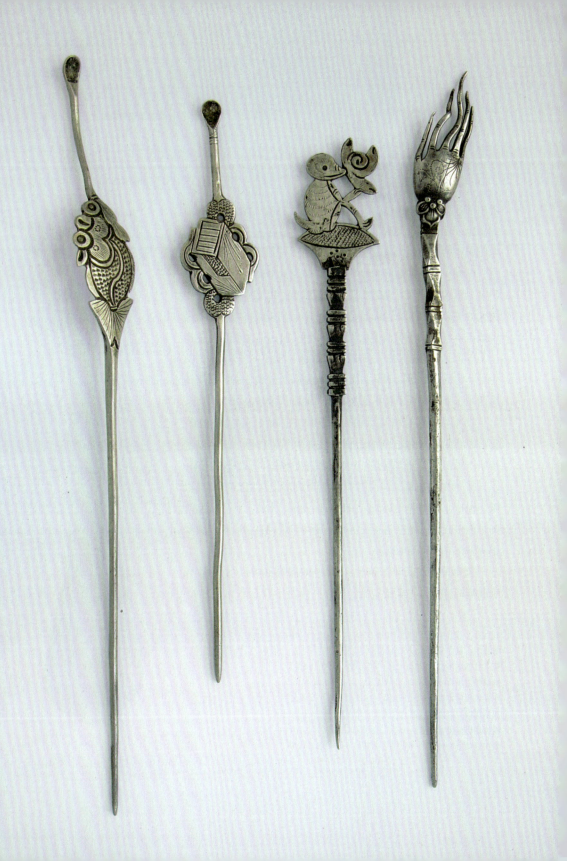

簪有长短之分，长簪多有盘、别、缠、绕等束发的作用，而短簪则主要起装饰的作用。穿插的方式常见的有横插法，可两鬓对插，也可单鬓斜插；还有由下而上的倒插法。具体到不同地区、不同时期而有差别。

传世的发簪样式繁多，但其变化主要在簪首，而簪股则变化不大，主要有两种：

（一）杆状簪股，其形似细杆，截面或正圆，或半圆，或扁方，表面光素挺直，尾部尖锐，以利插拔。也有簪股呈波状弯曲，簪发时须旋转入发，入发后不易脱落；

（二）片状簪股，其形制呈扁平长方状，上下一般宽窄，满族妇女称之为"扁方"，也有上宽下窄、尾部尖锐的形制，此外还有首尾呈"S"形弯曲，尾部呈桃状的形制，以及中间略窄、首尾对称的形制，等等。片状簪股表面常錾刻有吉祥图案，这类发簪多用于别盘发髻。

簪首与簪股的连接主要有以下几种：

（一）簪首与簪股呈"T"字形垂直焊接，有杆的金钿大多采用这种制式。

（二）簪股上部弯曲伸出，以接簪首，许多短簪都采用这样的形制，其好处在于，簪首伸出，从而避免被簪股处的头发

上图：**蝙蝠纹银质短簪**
（长3厘米，杭海收藏）
簪股上部弯曲接簪首
下图：**花卉纹银质烧蓝发簪**
（郝蕴琴、颜广仁收藏）
簪首与簪股"T"字形垂直焊接，一套三件，一大两小

左页图（从左至右）：
鱼纹耳挖形银质发簪（长13.5厘米，贺今收藏）
书匣纹耳挖形银质发簪（长10.2厘米，贺今收藏）
猴桃纹银质发簪（长10.8厘米，贺今收藏）
佛手纹银质发簪（长12.9厘米，贺今收藏）

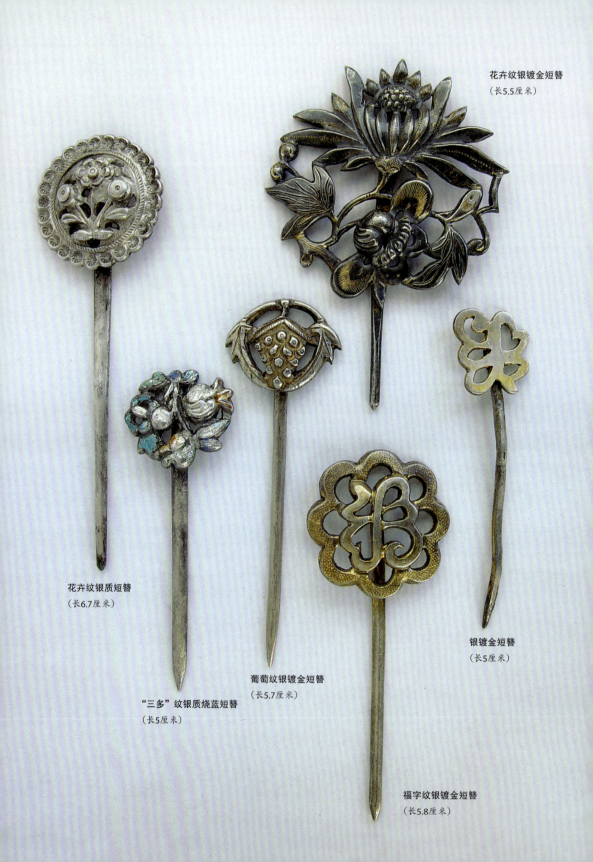

花卉纹银镀金短簪
（长5.5厘米）

花卉纹银质短簪
（长6.7厘米）

"三多"纹银质烧蓝短簪
（长5厘米）

葡萄纹银镀金短簪
（长5.7厘米）

银镀金短簪
（长5厘米）

福字纹银镀金短簪
（长5.8厘米）

遮挡。

（三）簪首与簪股上部或顶部平行焊接，或簪首与簪股一体锤打而成，大部分的簪钗都采用这种形制。

（四）簪首上部为耳挖，下接簪股，这类发簪在南方俗称"一丈青"，既可用来簪发，闲时又可挖耳，是发簪中极常见的一种样式。《红楼梦》第五十二回："坠儿只得前凑，晴雯便冷不防欠身一把将他的手抓住，向枕边取了一丈青，向他手上乱戳。"文中的"一丈青"即是耳挖簪。

（五）簪首与簪股之间有弹簧相连，走动时簪首会微微颤动，有步摇的韵味，称为步摇簪。

簪首的造型多变，工艺多样，从制作工艺上看，有模压、锤锻、錾刻、镂空、累丝、嵌宝、焊接、银镀金、点翠、烧蓝等。

从题材上看，银质发簪的装饰题材大致可分为祥禽瑞兽、花卉果木、人物神仙、吉祥符

蜂花纹银质发簪残件背部

蜂花纹银质发簪残件

（高3.5厘米，宽4.7厘米，郝蕴琴、颜广仁收藏）

外缘如意形，采用錾刻、镂空、模压、锤锻等工艺精制而成，纹样为蜜蜂与梅花

（左页图中各式发簪均由郝蕴琴、颜广仁收藏）

号等。其中以花卉果木纹样最为普遍,常见的有牡丹、莲花、梅花、竹、灵芝、石榴、桃、佛手、葡萄、葫芦等;祥禽瑞兽有龙、凤、仙鹤、鹿、十二生肖、狮子、松鼠、蝙蝠、鱼、蝴蝶、蜜蜂、蝉等;人物神仙题材有童子、八仙、福禄寿三星、和合二仙、刀马人物以及戏曲故事中的人物等;吉祥符号有暗八仙(宝扇、宝剑、渔鼓、拍板、葫芦、花篮、莲花、横笛)、八吉祥(海螺、法轮、宝伞、白盖、莲花、宝瓶、金鱼、盘长)、八宝(珊瑚枝、珊瑚珠、金锭、银锭、万卷书、单犀角、方胜、双胜、古钱、火珠、笔锭、如意头、法螺、秋叶等)、琴棋书画、文房四宝、吉祥文字以及各种传统几何纹样等。

玉兔纹银质烧蓝发饰正背
(郝蕴琴、颜广仁收藏)
满铺珍珠地,錾刻玉兔捣药故事,背部有钩,可钩挂在头发上

第一章 发饰

左页图:**果实纹银质发簪**
(各长8.5厘米,贺今收藏)
造型简约优雅,錾工细腻精美

耳挖形发簪，又称"一丈青"，既可用来簪发，闲时又可挖耳自娱，是明清发簪中极常见的一种样式。《浮生六记》卷四《浪游记快》中描写花船鸨儿装扮："鸨儿呼为'梳头婆'，头用银丝为架，高约四寸许，空其中而蟠发于外，以长耳挖插一朵花于鬓……""长耳挖"即耳挖形发簪。右页这幅不知名的清代绘画极为细致地描绘了当时妇女以长耳挖簪花于鬓的真实情形。该女子发后簪花围，所用花卉似为茉莉花。南方茉莉花多，茉莉花又称素馨花，花季长，香气浓郁，是南方妇女最喜爱的簪花品种。梁·张隐《素馨诗》："细花穿弱缕，盘向绿云鬓。"说的是以细线穿花，盘在鬓发四周。直到今天，在福建南部如泉州、惠安等地区的妇女，依然保留簪花围的旧俗：用丝线将含苞初放的花朵穿起来，环绕在脑后发髻的周边，多至三四环，双鬓则簪大朵鲜花，再插戴玉簪、银梳、银丝练等发饰，芳馨四溢，顾盼生辉

左图：鸡纹银鎏金耳挖簪
（长12.5厘米，郝蕴琴、颜广仁收藏）
中图：瓶花纹银质耳挖簪
（长16厘米，郝蕴琴、颜广仁收藏）
右图：寿桃纹银质耳挖发钗
（长18.5厘米，郝蕴琴、颜广仁收藏）

清代绘画中簪耳挖簪的妇女

银质金钿

（郝蕴琴、颜广仁收藏）

金钿背部有细杆，用时可直接插入发中。

簪花的习俗始于汉代，一直延续至今。南朝宋·鲍令晖《石城乐》云："阳春百花生，摘插环髻前。"唐·周昉《簪花仕女图》中有妇女在发髻上插鲜花的实例。除鲜花之外，也有插假花的。假花有绢花、珠花与金钿等。金钿是用金银等金属材料制作的花状发饰。《说文》："钿，金华（花）也。"金钿镶嵌玉石珠宝的称"宝钿"，金钿饰以翠羽者称为"翠钿"。南朝梁·邱迟《敬酬柳仆射征怨》："耳中解明月，头上落金钿。"白居易《长恨歌》也有"花钿委地无人收，翠翘金雀玉搔头"的诗句。金钿分为两种：一种金花背部有细杆，用时如同簪钗，可直接插入发中（如上图）；另一种则背部无支撑，在金花上留有小孔，用时以簪钗贯插固定在发髻上

右页图：**清末仕女玻璃画**

（郝蕴琴、颜广仁收藏）

画中女子头前发后均簪花朵

一套三件花卉纹银质发簪
（郝蕴琴、颜广仁收藏）
居中者为三层镂雕花朵，表面錾刻花纹；左右两件相同，为八角形，表面模压、锤锻牡丹花纹

左页图：一套五件花卉纹银质烧蓝发簪
（郝蕴琴、颜广仁收藏）
烧蓝以蓝绿为主，间有紫褐色，含蓄优雅。大的发簪模压、锤锻花卉纹样，中间焊接四瓣蓝心花一朵；小的发簪则均为花朵形状

妆匣遗珍

伍陆〇

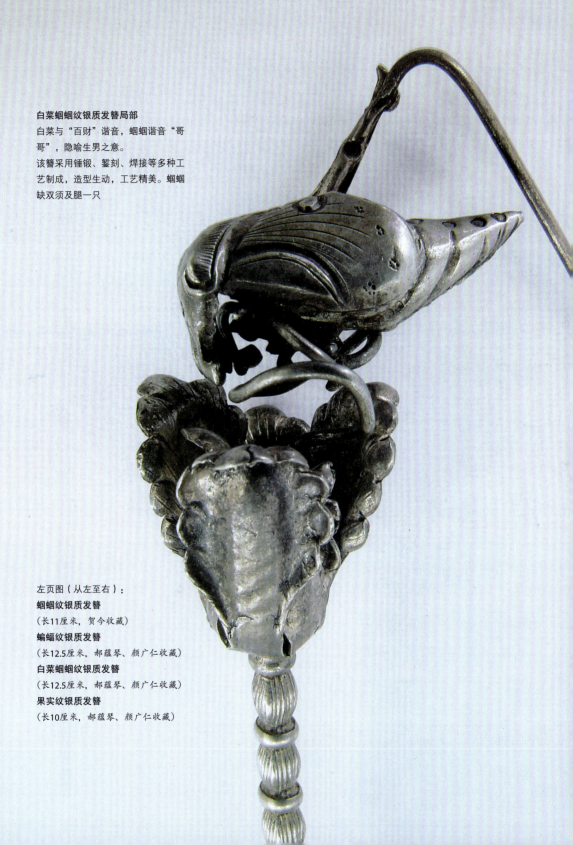

白菜蝈蝈纹银质发簪局部

白菜与"百财"谐音，蝈蝈谐音"哥哥"，隐喻生男之意。
该簪采用锤锻、錾刻、焊接等多种工艺制成，造型生动，工艺精美。蝈蝈缺双须及腿一只

左页图（从左至右）：
蝈蝈纹银质发簪
（长11厘米，贺今收藏）
蝙蝠纹银质发簪
（长12.5厘米，郝蕴琴、颜广仁收藏）
白菜蝈蝈纹银质发簪
（长12.5厘米，郝蕴琴、颜广仁收藏）
果实纹银质发簪
（长10厘米，郝蕴琴、颜广仁收藏）

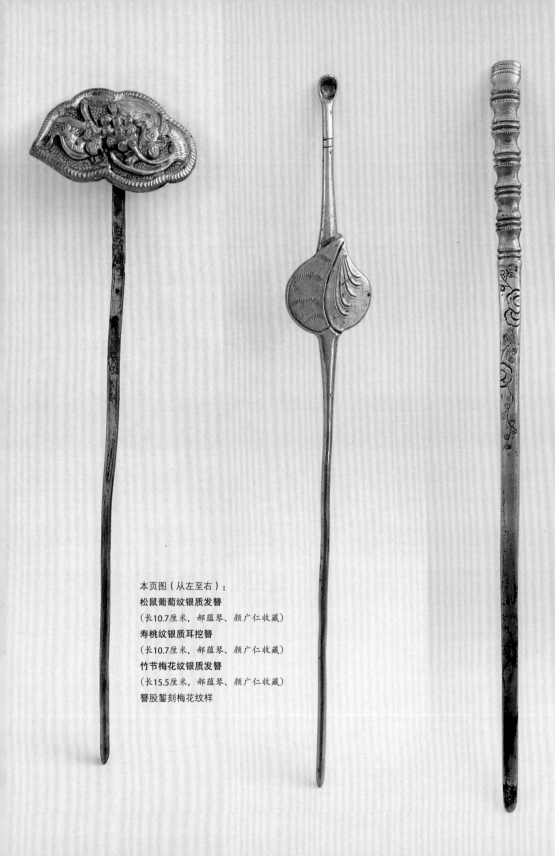

本页图（从左至右）：
松鼠葡萄纹银质发簪
（长10.7厘米，郝蕴琴、颜广仁收藏）
寿桃纹银质耳挖簪
（长10.7厘米，郝蕴琴、颜广仁收藏）
竹节梅花纹银质发簪
（长15.5厘米，郝蕴琴、颜广仁收藏）
簪股錾刻梅花纹样

石榴纹银质簪首
（高2.1厘米，宽2.8厘米）

蝴蝶纹银质簪首
（高3.5厘米，宽1.9厘米）

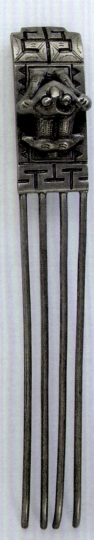

蝙蝠纹银质短簪
（长4厘米）

喜鹊登梅纹银质簪首
（高2.5厘米，宽2.7厘米）

花卉纹银质簪首
（高5厘米）

吉庆（磬）有余（鱼）纹银质簪首
（高4.3厘米）

蛙纹银质发钗
（长9厘米）

（本页图中各式发簪均由郝蕴琴、颜广仁收藏）

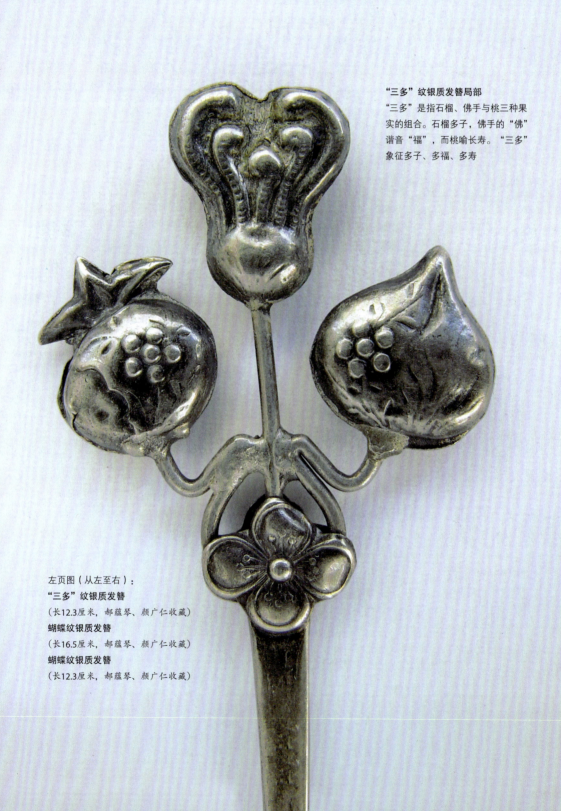

"三多"纹银质发簪局部
"三多"是指石榴、佛手与桃三种果实的组合。石榴多子,佛手的"佛"谐音"福",而桃喻长寿。"三多"象征多子、多福、多寿

左页图(从左至右):
"三多"纹银质发簪
(长12.3厘米,郝蕴琴、颜广仁收藏)
蝴蝶纹银质发簪
(长16.5厘米,郝蕴琴、颜广仁收藏)
蝴蝶纹银质发簪
(长12.3厘米,郝蕴琴、颜广仁收藏)

牡丹纹银质短簪
（长6厘米，郝蕴琴、颜广仁收藏）

福（蝠）寿（桃）纹银质短簪
（长7.4厘米，郝蕴琴、颜广仁收藏）

松鼠葡萄纹银质短簪
（长6.5厘米，郝蕴琴、
颜广仁收藏）

喜鹊登梅纹银质短簪
（长6.7厘米，郝蕴琴、颜广仁收藏）

连(莲)生贵子纹银质发簪簪首
(高3.1厘米,宽3厘米,郝蕴琴、颜广仁收藏)

花果纹银质发簪
(长8厘米,郝蕴琴、颜广仁收藏)

花卉纹银质发簪
(长8.3厘米,郝蕴琴、
颜广仁收藏)

花卉纹银质发簪
(长6厘米,郝蕴琴、
颜广仁收藏)

银质金钿
(长6厘米,郝蕴琴、颜广仁收藏)

佛像纹银质簪首
(高4.9厘米,宽3.4厘米,
郝蕴琴、颜广仁收藏)

妆匣遗珍

(陆肆)〇

狮纹银质发簪
（长14.2厘米，簪首宽4.5厘米，贺今收藏）
在传统银饰中，狮纹是最常见的动物纹样之一，寓意降妖祛魔，官位荣达

左页图（从左至右）：
万字纹银镀金发簪
（长5.5厘米，郝蕴琴、颜广仁收藏）
牡丹纹银质发簪
（长14.3厘米，郝蕴琴、颜广仁收藏）
蝴蝶纹银质发簪
（长11.5厘米，郝蕴琴、颜广仁收藏）
狮纹银质发簪
（长9厘米，杭海收藏）

如意云纹银质发簪局部
（长16厘米，贺今收藏）
簪首如意云纹，满錾珍珠地，模压、錾刻人物花卉纹样，外形回旋有力，人物、枝蔓优雅生动

右页图：蝉纹银质发箍残件
（残长12厘米，宽4.5厘米，贺今收藏）
银丝折做梳状发箍，焊接有蝉纹银饰片，形制典雅，意趣高古

花卉纹翠羽银簪
(长8.4厘米,郝蕴琴、颜广仁收藏)

蝶恋花纹翠羽银簪
(长7.5厘米,簪首宽2.6厘米,郝蕴琴、颜广仁收藏)

蝶恋花纹翠羽银簪
(长7厘米,簪首宽2.6厘米,郝蕴琴、颜广仁收藏)

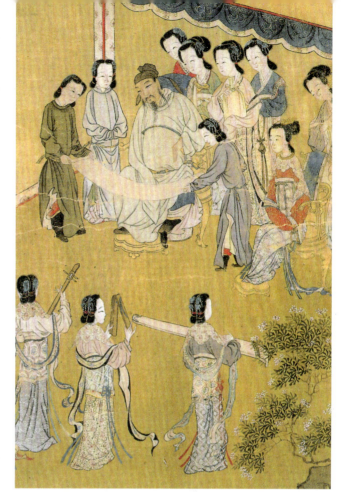

清代《人物故事图》局部

（中央美术学院藏）

画中坐在椅上的女子头插金凤簪，项戴金项圈，身份显著；其余女子所戴头饰大都为珠玉翠羽。

唐·孟浩然《庭橘》诗："骨刺红罗被，香黏翠羽簪。"翠羽簪的制作始自汉代，当时已有在华胜上粘贴翠鸟羽毛的工艺，这种工艺在清代称为"点翠"。清初妇女头面首饰多使用珠玉点翠，稍晚才出现银质珐蓝，即珐琅，俗称"烧蓝"。点翠的制作方法为：先以金、银片制成特定形状的底托，四周围一圈银丝，依形粘贴翠绿色羽毛。成型后，翠羽簪可随角度变化而现出不同的光泽。翠羽簪华丽高贵，但易为虫蛀，不易保存，传世品多有缺损

第一章 发饰

陆玖〇

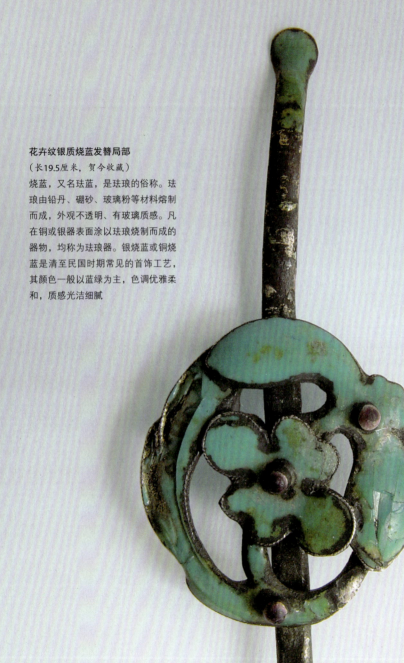

花卉纹银质烧蓝发簪局部
(长19.5厘米,贺今收藏)
烧蓝,又名珐蓝,是珐琅的俗称。珐琅由铅丹、硼砂、玻璃粉等材料熔制而成,外观不透明、有玻璃质感。凡在铜或银器表面涂以珐琅烧制而成的器物,均称为珐琅器。银烧蓝或铜烧蓝是清至民国时期常见的首饰工艺,其颜色一般以蓝绿为主,色调优雅柔和,质感光洁细腻

金鱼纹银质烧蓝发簪
(长15.5厘米,杭海收藏)

花卉纹银质烧蓝发簪
（长7.8厘米）

花卉纹银质烧蓝发簪
（长4.9厘米）

花卉纹银质烧蓝发簪
（长8.1厘米）

团鹤纹银质烧蓝发簪
（长7.5厘米）

石榴桃子纹银质烧蓝发簪
（长4.4厘米）

平安富贵纹银质烧蓝发簪
（长7.9厘米）

花卉纹银质烧蓝发簪
（长5.3厘米）

（本页各式发簪均由郝蕴琴、颜广仁收藏）

平安富贵纹银质烧蓝簪首
（长8.7厘米）

果实纹银质烧蓝发簪
（长9.8厘米）

狮纹银质烧蓝发簪
（长9.6厘米）

（本页各式发簪均由郝蕴琴、颜广仁收藏）

在古代中国，簪钗常被用做男女间定情的信物。如《东京梦华录》中记载："若相媳妇，即男家亲人或婆往女家看中，即以钗子插冠中，谓之'插钗子'。"是说宋代相亲，男方家人将发钗插于女子发冠中，以为婚定之物。

明·冯梦龙《醒世恒言》第九卷："今日与他讨取聘钗，明知是退亲之故，并不答应一字，径走进卧房，闭上门儿，在里面啼哭。"文中所说的"聘钗"是指作为订婚聘礼的一对银钗。

明·张岱《陶庵梦忆》卷五《扬州瘦马》一文中记述，娶妾者若看中一女子，则"用金簪或钗一股插其鬓，曰'插带'"。就是说用一支簪钗插在女子的发鬓中，以做定情的信物。

又如《金瓶梅》第四回："婆子道：'你每二人，出语无凭，当各人留下件表记物件拿着，才见真情。'西门庆便向头上拔下一根金头银簪，又来插在妇人云髻上。"

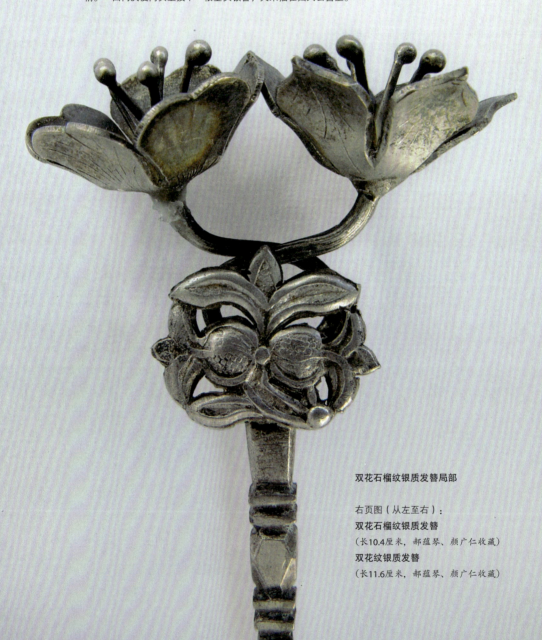

双花石榴纹银质发簪局部

右页图（从左至右）：
双花石榴纹银质发簪
（长10.4厘米，郝蕴琴、颜广仁收藏）
双花纹银质发簪
（长11.6厘米，郝蕴琴、颜广仁收藏）

清代仕女画
画中女子头戴烧蓝发饰,
发饰下面有坠饰

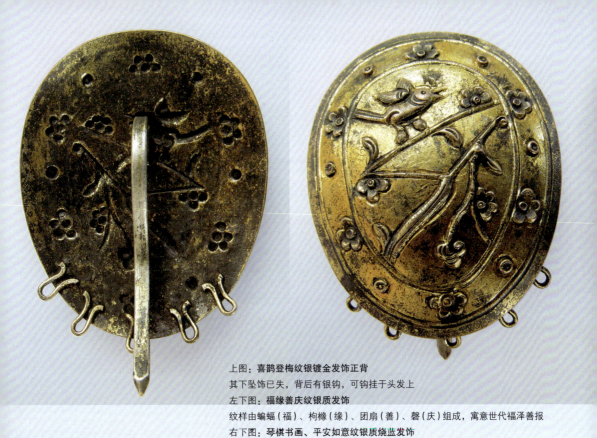

上图：喜鹊登梅纹银镀金发饰正背
其下坠饰已失，背后有银钩，可钩挂于头发上
左下图：福缘善庆纹银质发饰
纹样由蝙蝠（福）、枸橼（缘）、团扇（善）、磬（庆）组成，寓意世代福泽善报
右下图：琴棋书画、平安如意纹银质烧蓝发饰
纹样为琴棋书画，平（瓶）安如意，中镶玉石，下坠诸物（已失）

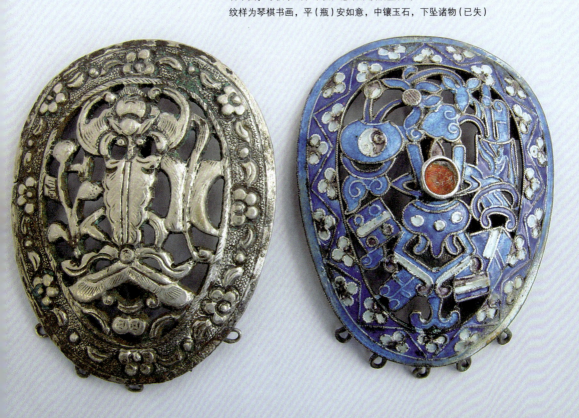

蝴蝶人物纹银质发簪局部
(残长12.8厘米,簪首最宽处2厘米,杭海收藏)
簪首为耳挖,焊接银蝴蝶,下接镂空人物纹银饰片,四周錾有连珠纹,银镀金工艺,设计合理,做工精巧

牡丹金凤纹银镀金短簪
(长5厘米，簪首高3.3厘米，宽2.3厘米，郝蕴琴、颜广仁收藏)
短簪呈长方形，纹样为金凤回首展翅，凤尾盘绕如垂穗。造型肥厚饱满，气势开张，小件有大气象

花卉纹银镀金短簪
（长4.5厘米，郝蕴琴、顾广仁收藏）

葫芦盘长纹银镀金短簪
（长6厘米，郝蕴琴、顾广仁收藏）

松鼠盘长纹银镀金短簪
（长5.5厘米，郝蕴琴、顾广仁收藏）

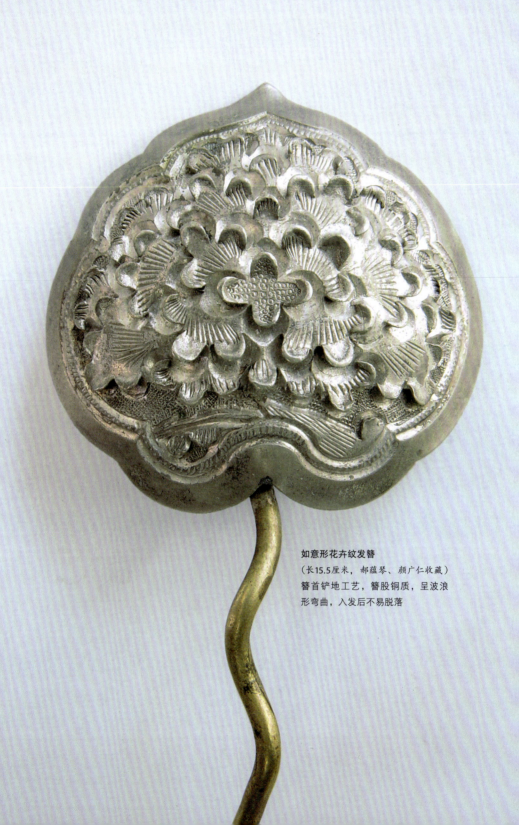

如意形花卉纹发簪

（长15.5厘米，郝蕴琴、颜广仁收藏）

簪首铲地工艺，簪股铜质，呈波浪形弯曲，入发后不易脱落

刘海金蟾纹银簪
(长8.3厘米,簪首高3.9厘米,宽2.4厘米,郝蕴琴、颜广仁收藏)

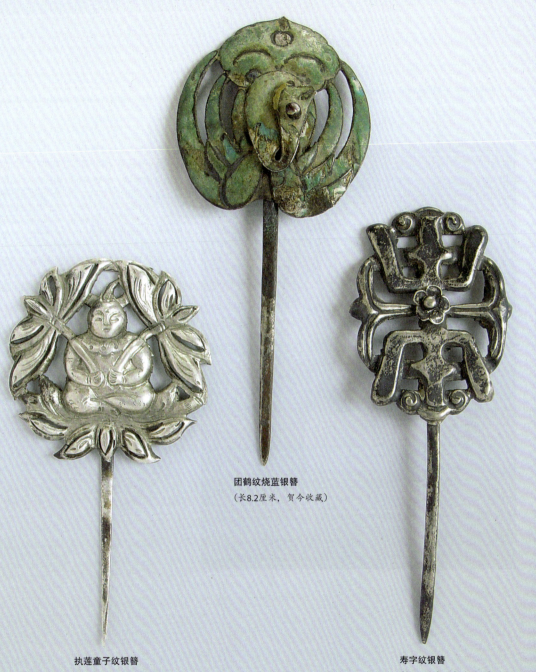

团鹤纹烧蓝银簪
(长8.2厘米，贺今收藏)

执莲童子纹银簪
(长7厘米，贺今收藏)

寿字纹银簪
(长7.8厘米，贺今收藏)

民间木版画上的执莲童子
画中童子穿肚兜、戴手镯,右手举一枝盛开的莲花,造型生动,笔法流畅、潇洒

执莲童子的图像始自唐代,唐·薛能《吴姬十首》诗中有"芙蓉殿上中元日,水拍银台弄化生",是说在唐代,农历七月七日的七夕节,人们用蜡做成婴儿状,名曰化生,浮水为戏,祈盼妇女生子。"化生"一词本佛教用语,为四生之一,即无所依托,忽然而生。《俱舍论》八:"有情类,生无所托,是名化生。"化生图像原为一童子端坐于莲花之上,后衍化为一童子手执一莲的形象,即执莲童子。莲花童子在民间一直有宜子之祥的象征意义,故经宋至元明两代一直盛行不衰,到清代最终衍化为连生贵子的吉祥纹样

执莲童子纹银簪局部
(贺今收藏)
簪首纹样为童子执双莲端坐于莲花之上

左图：花卉纹铜镀银扁方
（长20厘米，宽3厘米，郝蕴琴、颜广仁收藏）
中间模压、锤锻花卉枝蔓，四周錾刻花叶纹样，布局疏朗有致，是一件工艺与趣味俱高的作品

右图：清代金质扁簪
（长16.3厘米，宽2.5厘米，北京海淀区花园村出土，首都博物馆藏）
簪体珍珠地，錾刻人物、祥云、蝙蝠等纹样，雍容华贵，富丽精致

梳两把头的清代妇女
（清代传世照片）
梳两把头的过程为：先固定头座，再放上发架，发架有木制的，也有铁丝框架，把头发分成左右两把，交叉固定在发架上，发中横插一扁方，再插入各种簪钗首饰

扁方是指清末满族妇女固定其特有髻式"两把头"的长方形簪发工具，其长度从20厘米到35厘米不等。《旧京琐记》云："旗下妇装，梳发为平髻曰一字头，又曰两把头。"这种髻式是把头发束在头顶，再分为两绺，梳成横长的发髻，绾于扁方之上。事实上，这种形制的扁簪在南京晚明墓葬中已出现，其上下一样宽，呈扁平长方形，顶端部分做卷曲处理，簪体錾刻或镂刻花纹、吉祥文字。尺寸有大有小，但一般远小于清末满族妇女用的扁方。这类汉族扁簪在民间遗存较多。
常见的扁方材质有金、银、玉、翡翠、玳瑁、檀香木等

第一章 发饰

右图（从左至右）：
花卉杂宝纹银质扁簪
（长14.7厘米，贺今收藏）
福在眼前纹银质扁簪
（长14.5厘米，郝蕴琴、颜广仁收藏）
簪首由蝙蝠、孔钱、莲花、如意纹等组成，寓意福在眼前，年年如意。簪体錾刻折枝花草纹

左页图：**白铜扁簪三枚**
（左，长14.1厘米，宽1.6厘米；中，长14.8厘米，宽1.8厘米；右，长14厘米，宽1.7厘米。郝蕴琴、颜广仁收藏）
簪首或镂空，或卷曲，簪体錾刻花鸟、孔钱、杂宝等纹样

《红楼梦》第八十九回："但见黛玉身上穿着月白绣花小毛皮袄，加上银鼠坎肩，头上挽着随常云髻，簪上一枝赤金匾簪，别无花朵……"扁簪的质地，富者用金，一般人家多用银或白铜

第一章 发饰

捌玖〇

牡丹莲花纹银质扁簪

(长约14.6厘米，簪首宽2.1厘米，贺今收藏)

簪股上部铲地高起，錾刻折枝牡丹纹，中间錾刻团寿纹，下部錾刻莲花纹。该簪厚重压手，工艺精美，保存完好

牡丹莲花纹银质扁簪局部

如意云纹银质扁簪

（长12.8厘米，宽1.8厘米，簪首宽约2.8厘米，杭海收藏）

簪头铲地錾刻如意云纹，簪股錾刻团寿纹及花草纹，唯入土日久，浸渍模糊。此簪形制简约，意趣高远

左页图：狮子麒麟纹银质扁簪

（长14.1厘米，宽3.8厘米，杭海收藏）

簪首侧镌梅花纹，簪体模压、錾刻狮子绣球、"福"字、麒麟玉书等纹样，以斜线、卷草纹加以分隔，簪体四周卷边，工艺讲究

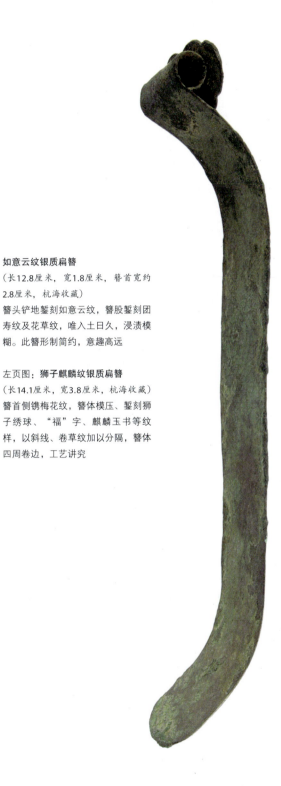

第一章 发饰

玖叁○

福寿纹银质扁簪簪首

福寿纹银质扁簪簪尾
（长15.3厘米，宽1.5厘米，贺今收藏）
此器造型高古脱俗，簪首半圆鼓，簪体平素无华，然厚重压手。上部錾刻回纹团福字；下部錾刻蝙蝠一只，寥寥数笔，生动异常，迥异于清末的蝙蝠造型

左右页图：凤戏牡丹纹镂刻银质扁簪
（长11.3厘米，宽3.7厘米，贺今收藏）

凤为百鸟之首，其雄曰凤，其雌曰凰。凤与龙相配，成为皇帝与皇后的象征。在民间，凤是女性、祥瑞的象征。

牡丹为百花之王，有"国色天香"之称，民间把牡丹花称为"富贵花"。这件扁簪正面镂刻凤戏牡丹，簪首盘长纹，侧镌梅花纹。形制大方，布局合理，工艺精妙，是一件不可多得的艺术品

《海上青楼记》插画
画中女子发髻上的发簪即为押发簪

右页图（从左至右）：
花卉纹镂空银质押发扁簪
（长11.6厘米，贺今收藏）
杂宝铜质押发扁簪
（长11.6厘米，贺今收藏）
人物纹银质押发扁簪
（长10厘米，最宽处2厘米，郝蕴琴、颜广仁收藏）

押发扁簪是清末至民国时期最常见的发髻用簪，常见的材质有金、银、铜等，以银或银镀金最为常见。其形制为两头椭圆尖，中间收腰，簪体呈"3"形弯曲，用以别髻心。清·吴趼人《二十年目睹之怪现状》第四十八回描述沈月卿"头上扎的是白头绳，押的是银押发"。银押发即银质押发簪，清末吴友如等人所绘的《点石斋画报》中，妇女所戴发簪大都为押发簪

第一章 发饰

花鸟纹白铜押发扁簪

(长17厘米,最宽处4.4厘米,贺今收藏)

两端模压、錾刻花鸟纹样,四周及中间錾刻菱纹、回纹等几何纹样

左页图:**人物纹银质扁簪**

(长15.8厘米,最宽处6厘米,郝蕴琴、颜广仁收藏)

外缘起棱,银丝盘边,两端模压、錾刻人物纹样,围以花草纹及几何纹样。此簪形制硕大,制作精美

蝴蝶纹银质扁簪正背
(长15.4厘米,郝蕴琴、颜广仁收藏)
簪首蝴蝶纹,簪股模压、锤锻荷花纹

左图：如意形鲤鱼跳龙门纹银质扁簪
（长13厘米，郝蕴琴、颜广仁收藏）
簪首铲地工艺，刀法犀利果断，鲤鱼与龙门的造型简洁淳朴，十分有趣，簪尾錾刻牡丹纹。整体造型简约脱俗

右图：如意形福寿纹银质扁簪
（长19厘米，郝蕴琴、颜广仁收藏）
簪首如意形，模压双蝠拱寿纹样；簪股镂刻莲花、"寿"字纹及蝙蝠、古钱纹样，寓意长寿如意、福在眼前。簪体形制华丽，构思巧妙，布局合理，制作精美

第一章 发饰

壹零叁

蝉纹发钗

（长13.5厘米，宽约2厘米，郝蕴琴、颜广仁收藏）

钗股黄铜质，首部焊接银蝉，形制古朴，格调脱俗，是过眼发钗中难得一见的精品。蝉有复育再生之意，以蝉为饰早至汉唐，玉制含蝉是汉代墓葬中常见的物件。欧阳炯《花间集》卷二中薛昭蕴《小重山》词有"玉箫无复理霓裳，金蝉坠，鸾镜掩休妆"之句，其中的"金蝉坠"即指金质蝉形佩饰。五代·牛峤《菩萨蛮》词亦有"柳阴烟漠漠，低鬓蝉钗落"之句，是以证明蝉形发钗的形制由来已久

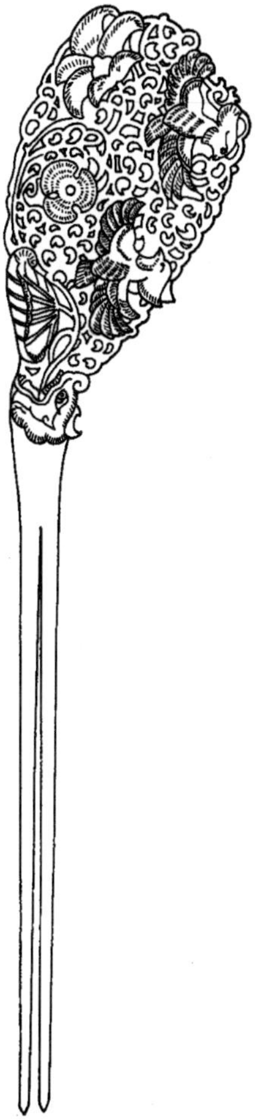

钗是发簪的一种变体。汉·刘熙《释名·释首饰》："钗，叉也，象叉之形因名之也。"是说钗的形状像"叉"，所以名"钗"。施肩吾《定情乐》："著破三条裙，却还双股钗。"白居易《长恨歌》中也有"钗留一股合一扇"的诗句，说的是钗有两股，掰去一股，留下一股。双股是钗的基本形制，但也有多股的变体。钗依其功能可分为素钗与花钗，素钗的作用同于发簪，用来簪发；而花钗是命妇礼冠上的重要配饰，主要起装饰作用。花钗制始自北齐，隋唐以后各朝代均沿此制，按命妇品级，花钗有形制及数量的严格区分。如宋政和间规定：一品命妇花钗九株，二品花钗八株，三品花钗七株，四品花钗六株，五品花钗五株……清末以后，大多数发钗既有簪发的功能又有装饰的作用，而无品级的区别，只是富者用金，或加珠玉翠羽，而一般人家则多用银或铜，其中银钗的使用最为普遍。事实上早至唐宋，插戴银钗已成为民间妇女的普遍习俗。唐·张建封《竞渡歌》："两岸罗衣破晕香，银钗照日如霜刃"，形容舟竞之日，妇女着罗衣、戴银钗在河岸观赛，日光下的银钗寒光闪烁，如霜刃一般。陆游诗《过大蓬岭度绳桥至杜秀才山庄》："负笼银钗女，锄畲鹤发翁"，说明以银钗为饰是当时乡村妇女的习俗。宋·梅尧臣《村豪》诗："女髻银钗满，童袍

左图：广州皇帝岗出土的唐代发钗
右图：瑞典斯德哥尔摩 C. Kempe 所藏唐代发钗
隋唐时期发钗的一大特点是以两种或两种以上的材料制作发钗，另一大特点是钗首大都做成各种形状的花朵，尤以中晚唐时期为盛

第一章 发饰

妆匣遗珍

壹零陆

毳氍鲜",形容富有人家的女子发髻上插满了银钗。

明清以后,银质发钗成为最为寻常的女性发饰。银钗的制作多以银丝弯做两股,上端焊接银片饰物,或另接钗首、耳挖之属。两股较粗者,有簪发或盘别的实际功用;而两股细若游丝者,则主要起装饰作用,尤其是一些与垂珠相接,细杆易颤,增大了步摇摆动的幅度,从而增添了女性行进时的韵致。大多数短钗是纯粹的装饰物,簪于鬓发之间,有增娇益媚之功。簪、钗在实际使用中并无太大的区别,往往是簪钗并用,彼此配搭,只是簪较多用于盘别发髻,而钗则主要用来插戴,起装饰作用。

钗在中国古典诗词中常常用来描绘女性的风情韵致。南朝梁·刘缓《咏江南可采莲》诗:"钗光逐影乱,衣香随逆风。"唐·李贺《洛姝真珠》诗:"寒鬓斜钗玉燕光,高楼唱月敲悬珰。"唐·魏承班《诉衷情》词:"鬓乱坠金钗,语檀偎,临行执手重重嘱,几千回。"唐·温庭筠《菩萨蛮》词:"翠钗金作股,钗上蝶双舞。"苏轼《洞仙歌》词:"人未寝,倚枕钗横鬓乱。"玉(银)钗对乌云,钗的冷白与鬓发的乌黑形成对比,互为映衬,具有极佳的视觉效果;金钗、翠钗的使用则多富丽气象。中国传统美学认为平直多滞板,横斜生姿态,所

"三多"纹银质发钗
(长15.2厘米,杭海收藏)

第一章 发饰

壹零柒

左页图(从左至右):
辽金银质发簪(长15厘米,郝蕴琴、颜广仁收藏)
蝉纹银质发钗(长13.3厘米,贺今收藏)
花卉纹银质烧蓝发钗(长13.8厘米,郝蕴琴、颜广仁收藏)
喜鹊登梅纹多股银钗(长13厘米,贺今收藏)

妆匣遗珍

壹零捌

以钗的插戴多横斜敧侧，以营造摇摇欲坠、温婉可怜的柔媚之态，所谓"宝钗长欲坠香肩，此时模样不禁怜"。所以"钗光鬓影""玉钗横斜"一直是中国古代仕女的经典意象。

另外在古典文学中还有"荆钗"一词。荆钗是指以荆条制成的发钗，多用以指代贫家女子，或形容女子的朴素。《太平御览》卷七一八引汉·刘向《列女传》："梁鸿妻孟光，荆钗布裙。"唐·许浑《酬殷尧藩》诗："竹马儿犹小，荆钗妇惯贫。"清·徐文心《贫女怨》诗："命岂荆钗薄，容窥玉镜羞。"又如《荆钗记》中，书生王十朋幼年丧父，家道清贫，即以荆钗为聘礼，与贡元钱流行之女钱玉莲结为夫妻。后王十朋考中状元，因不肯迎娶丞相之女而被贬，改任广东潮阳佥判。其间一直垂涎玉莲的富豪孙当权篡改王十朋的家书，谎称王十朋已入赘相府，再次逼娶钱玉莲，玉莲愤而投江，幸遇救，后经种种机缘巧合，终以荆钗为凭，夫妻得以团圆。

由荆钗又衍生出"拙荆"一词，明·冯梦龙《醒世恒言》第九卷："陈青道：'此事已与拙荆再四商量过了，更无翻悔。'""拙荆"即是称自己妻子的谦词。

隋·李静训墓出土玉钗
（长8.1厘米，上端宽1.8厘米，中国国家博物馆藏）

左页图： 唐·周昉《簪花仕女图》局部
画中女子执长柄团扇，梳高髻，左右对插双股素钗

福到眼前纹银质发簪
（长4.5厘米，宽6.5厘米，郝蕴琴、颜广仁收藏）

莲花纹银质烧蓝发钗
（长11.5厘米，宽12.5厘米，郝蕴琴、颜广仁收藏）

花蝶纹银质烧蓝步摇钗
(长约10厘米,贺今收藏)
纹样由花卉、蝴蝶、蝈蝈组成,形制优雅,制作精细

妆匣遗珍

壹壹贰

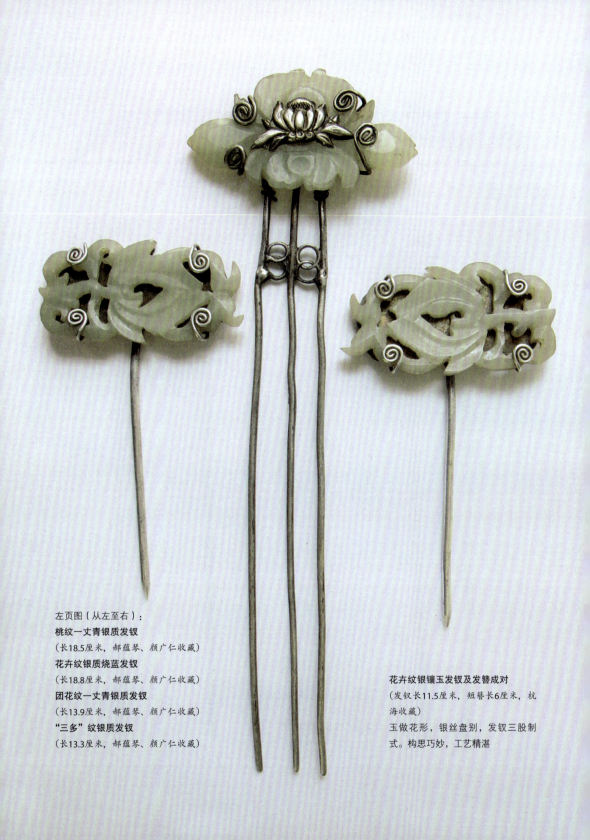

左页图（从左至右）：
桃纹一丈青银质发钗
（长18.5厘米，郝蕴琴、颜广仁收藏）
花卉纹银质烧蓝发钗
（长18.8厘米，郝蕴琴、颜广仁收藏）
团花纹一丈青银质发钗
（长13.9厘米，郝蕴琴、颜广仁收藏）
"三多"纹银质发钗
（长13.3厘米，郝蕴琴、颜广仁收藏）

花卉纹银镶玉发钗及发簪成对
（发钗长11.5厘米，短簪长6厘米，杭海收藏）
玉做花形，银丝盘别，发钗三股制式。构思巧妙，工艺精湛

左图：花卉纹银质烧蓝发钗
（长13.4厘米，郝蕴琴、颜广仁收藏）
右图：花卉纹银质发钗
（长13.5厘米，郝蕴琴、颜广仁收藏）

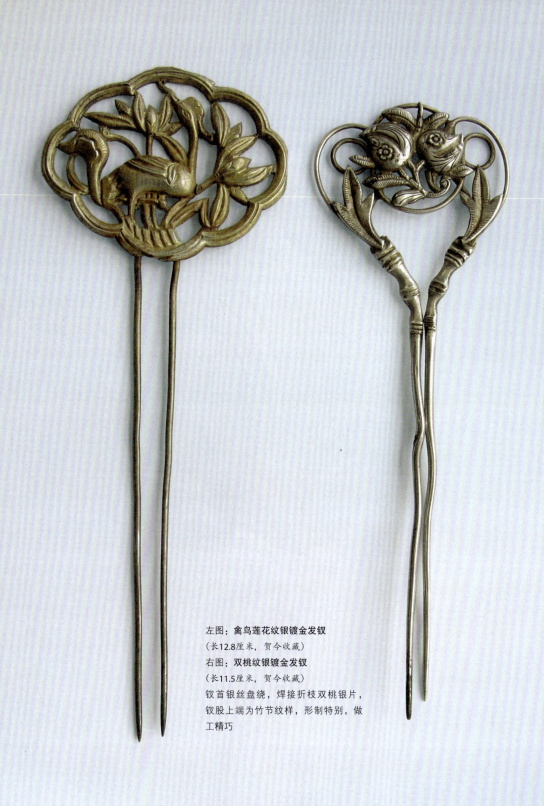

左图：禽鸟莲花纹银镀金发钗
（长12.8厘米，贺今收藏）
右图：双桃纹银镀金发钗
（长11.5厘米，贺今收藏）
钗首银丝盘绕，焊接折枝双桃银片，钗股上端为竹节纹样，形制特别，做工精巧

桃纹一丈青银质发钗局部
(郝蕴琴、颜广仁收藏)
簪首上接耳挖,下以弹簧连接双股,形制饱满,工艺精湛

石榴纹银质烧蓝发钗残件
(残长4.7厘米,郝蕴琴、颜广仁收藏)
形制与左页图发钗基本相同,当是同一地区的产品

第一章 发饰

《释名》："步摇，上有垂珠，步则摇动也。"说的是簪钗下坠垂饰，在女子走动时，垂饰摇摆，故称之为步摇。《后汉书·舆服志》集释："汉之步摇以金为凤，下有邸，前有笄，缀五彩玉以垂下，行则动摇。"说明金凤步摇在汉代已很流行。魏晋南北朝是步摇使用的鼎盛时期，从这一时期的绘画、壁画、石刻作品中，均可见到簪步摇的女性形象。步摇由弯曲的金银细丝组成花枝状，这样的步摇，稍有动静，便会花枝摇动，震颤不已，配以修颈削肩、博衣广袖，让魏晋女子有弱柳扶风、秀骨清相的脱俗风姿。有关这一时期步摇的描述可见于南朝梁·沈满愿《咏步摇花》诗"珠华萦翡翠，宝叶间金琼。剪荷不似制，为花如自生。低枝拂绣领，微步动瑶瑛。但令云髻插，蛾眉本易成"，形容步摇下坠串珠、加翡翠金玉之饰，行则花枝低垂，瑶瑛微动，顾盼生姿。然而，由于魏晋时期的步摇过于纤细，深埋地下多腐蚀朽坏，所以几无出土物存世。唐代的步摇多以金玉制成凤鸟形状，口衔串珠华饰，十分华丽。白居易有诗云："云鬟花颜金步摇，芙蓉帐暖度春宵。"这种制式的步摇多成对佩戴。明清以后，发饰中很少出现"步摇"的名目，但这并不表示步摇不再流行，事实上步摇在明清时期依然是妇女最常见的发饰之一，只不过是用其他名称而

梳高髻插步摇的汉代妇女

戴成对凤鸟步摇的唐代妇女

左页图：簪凤鸟步摇的清代贵族妇女
画中女子的发式为薄鬓垂式双髻，中间花朵，五彩金凤着左右，下衔三缕白色串珠，串珠中间朱红色玉石，形制高古，雍容华贵

明代累丝嵌宝衔珠金凤步摇簪
（北京海淀区青龙桥董四墓村明墓出土，首都博物馆藏）
累丝工艺，凤眼及祥云镶嵌红珊瑚，口衔串珠，玲珑秀丽，形神兼备

已。如清·林苏门著《邗江三百吟》卷六中，将清代花形步摇称为"茉莉颤"，是十分生动的名称。又如《红楼梦》第三回中形容王熙凤的妆扮："这个人打扮与众姑娘不同……头上戴着金丝八宝攒珠髻，绾着朝阳五凤挂珠钗……""五凤挂珠钗"其实就是凤形步摇钗，其形制为钗首五凤，下坠串珠。

明清时期步摇的形制归纳起来，主要有两种：

（一）簪首以金银链缀接各种坠饰，行走时，坠饰晃动幅度较大，此系步摇的基本形制；

（二）簪首以细丝或弹簧连接各种坠饰，行走时，坠饰会微微颤动。

步摇上的坠饰容易丢失，商贩往往会将别的坠饰加上，貌似一体，以求善价，所以购买时须仔细观察：（一）坠饰与簪（钗）体的风格、老旧程度是否一致，银子的成色是否一致；（二）坠饰与簪（钗）体之间的银链是否原配，连接点是否动过手脚。

左页图：清代《乾隆妃梳妆图》
画中女子头戴金质珠翠头箍，耳坠串珠金耳环，手戴金质嵌珠手镯，正往头上插串珠步摇簪。桌上还有一个同样的簪子，可见是左右成对插戴的。这样一组配套首饰当是精心设计、特别定制的

金镶玉步摇钗
（安徽合肥西郊五代墓出土）
钗股鎏金，钗首以金丝镶嵌玉片，呈蝶翅状，下以银丝编成坠饰，形似弱柳扶风，行则花枝低摇

银质步摇钗
（安徽合肥西郊五代墓出土）
步摇钗首作飞蝶状，其下以极细的银丝编成坠饰，形制纤弱柔美

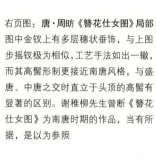

右页图：唐·周昉《簪花仕女图》局部
图中金钗上有多层穗状垂饰，与上图步摇钗极为相似，工艺手法如出一辙，而其高髻形制更接近南唐风格，与盛唐、中唐之交时直立于头顶的高髻有显著的区别。谢稚柳先生曾断《簪花仕女图》为南唐时期的作品，当有所据，是以为参照

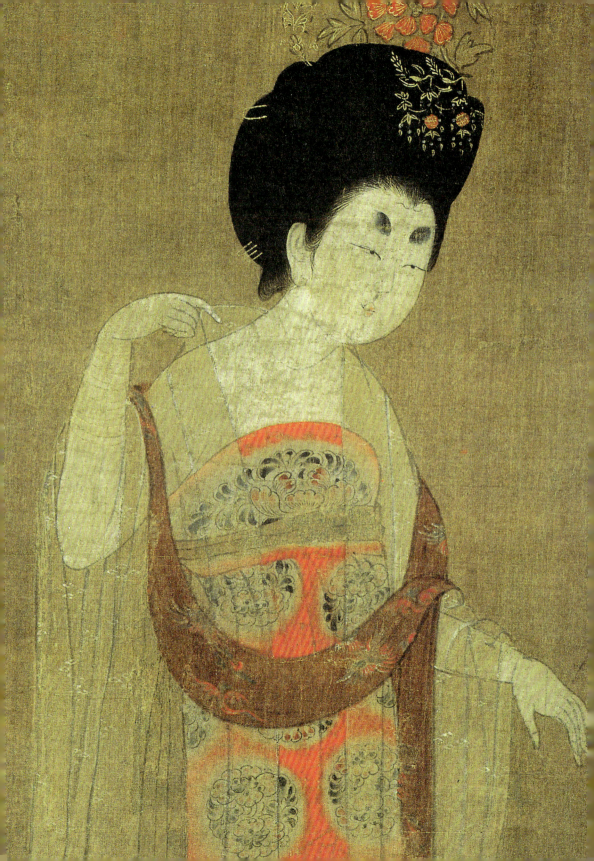

树状银质步摇钗

（长约16厘米，杭海收藏）

双股发钗上以细弹簧连接蝴蝶、蝉、凤、牡丹等饰物，造型优雅，工艺精巧

花蝶纹银质烧蓝步摇钗

（长16厘米，贺今收藏）

双股发钗，簪首为蝴蝶、双花纹样

楼阁童子纹银质步摇簪成对

（总长17.6厘米，贺今收藏）
该步摇簪是用耳环改制而成，形制与壹柒柒页中的楼阁童子纹银质耳环类似。楼阁左右傍双龙，楼阁之下有莲花童子，坠以五条银链间银片。以银片盘丝工艺为主，造型别致，结构繁复，做工细腻讲究

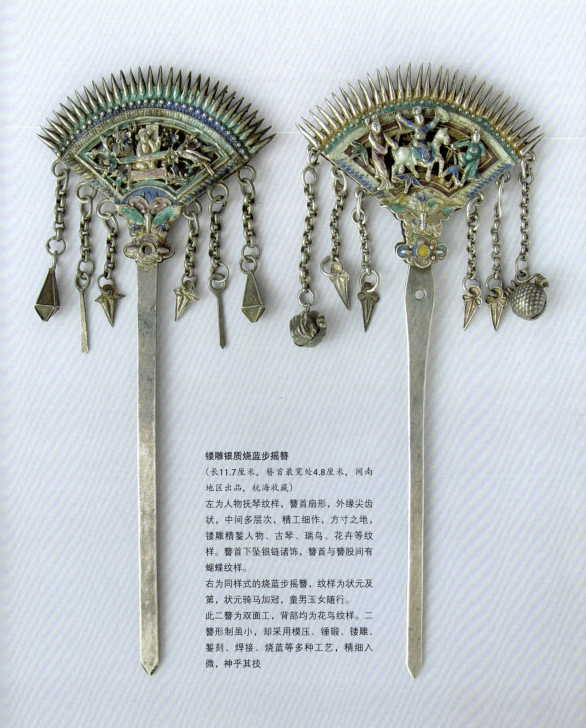

镂雕银质烧蓝步摇簪
(长11.7厘米,簪首最宽处4.8厘米,闽南地区出品,杭海妆藏)
左为人物抚琴纹样,簪首扇形,外缘尖齿状,中间多层次,精工细作,方寸之地,镂雕精錾人物、古琴、瑞鸟、花卉等纹样。簪首下坠银链诸饰,簪首与簪股间有蝴蝶纹样。
右为同样式的烧蓝步摇簪,纹样为状元及第,状元骑马加冠,童男玉女随行。
此二簪为双面工,背部均为花鸟纹样。二簪形制虽小,却采用模压、锤锻、镂雕、錾刻、焊接、烧蓝等多种工艺,精细入微,神乎其技

状元及第纹步摇簪局部

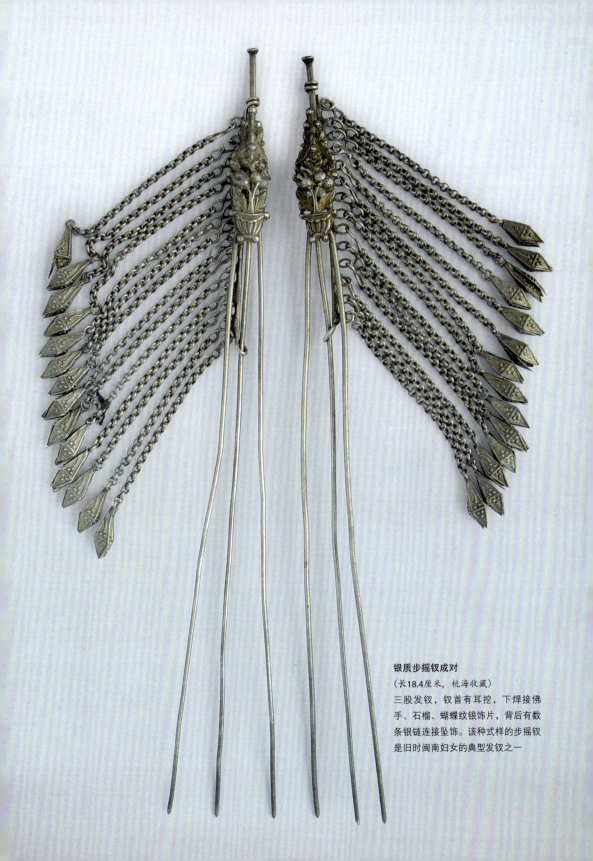

银质步摇钗成对

(长18.4厘米,杭海收藏)

三股发钗,钗首有耳挖,下焊接佛手、石榴、蝴蝶纹银饰片,背后有数条银链连接坠饰。该种式样的步摇钗是旧时闽南妇女的典型发钗之一

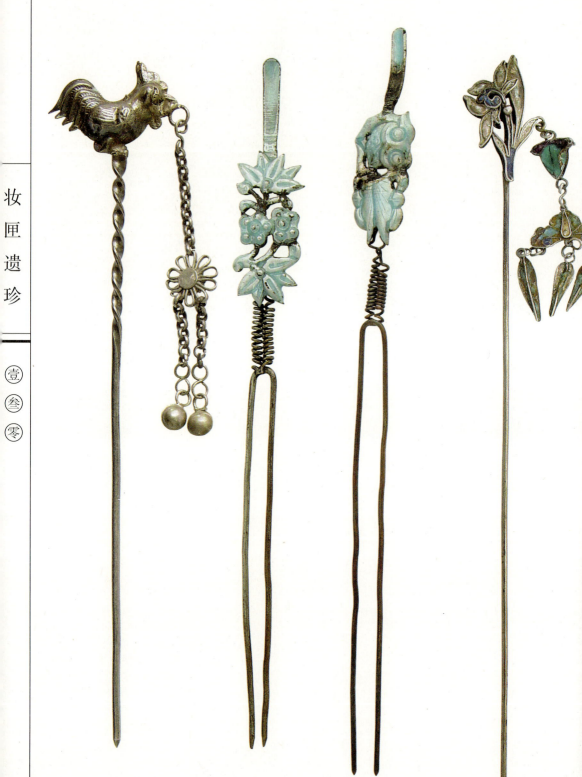

妆匣遗珍

壹叁零

清末广州外销水彩画《解线》
画中妇女梳刘海发式,簪花数朵;斜插金簪三支,簪首上弯,中间步摇簪一支,串珠垂穗,摇曳生姿;耳饰耳环;左右手各戴手镯、手链三两只,串珠手链有明黄色垂穗;蓝衣玄裙,外加红色金丝绣罩衣;脚下金莲;正在神态怡然地捻线上轴。当为18世纪中国南方普通妇女的日常生活写照

左页图(从左至右):
鸡纹银质步摇
(长10.7厘米,杭海收藏)
花卉纹银质烧蓝步摇钗
(长16.2厘米,郝蕴琴、颜广仁收藏)
金鱼纹银质烧蓝步摇钗
(长17.6厘米,郝蕴琴、颜广仁收藏)
花卉纹银质烧蓝步摇
(长17.2厘米,郝蕴琴、颜广仁收藏)

第一章 发饰

妆匣遗珍

人物梅花纹银质发卡
（高2厘米，宽4.4厘米，贺今收藏）

  银质发卡也是兼具实用与装饰功能的发饰。年份较早的银发卡用发簪穿过发髻上的发卡，或以线绳系住发卡背部的挂钩，将头发固定；民国以后的发卡多以背部的别针装置夹住头发。发卡多弯曲，以适合发髻或鬓发的曲线。

左页图：莲花童子纹银质发卡正背
（发卡宽约8厘米，簪长12厘米，杭海收藏）
发卡由发梳改制而成，细察背部有梳齿焊接痕迹。通体镂空錾花，纹样为双童子戏于莲花之中，錾刻精美，造型生动。杆状发簪横贯发卡

双蝶寿纹银质发卡
（最高处2.1厘米，弧宽6.2厘米，郝蕴琴、颜广仁收藏）

第一章 发饰

福禄寿三星纹银质发卡
（高4.2厘米，弧宽10.5厘米，杭海收藏）
采用錾刻、模压、镂空等工艺，制作精美，纹样为福禄寿三星及松、鹤、鹿等组合，造型生动，布局合理。背部焊有挂钩，可穿绳系挂

右页上、中图：**杂宝纹银质发卡正背**
（宽4.8厘米，贺今收藏）
右页下图：**蝴蝶纹银质发卡**
（宽10厘米，杭海收藏）

第一章 发饰

妆匣遗珍

壹叄陆

上图：**鱼纹银质发卡**
（宽5.8厘米，贺今收藏）

下图：**佛手纹银质发卡**
（宽6.2厘米，贺今收藏）

第一章 发饰

壹叁柒

左页上图：**蝴蝶牡丹纹银质发卡**
（高4.1厘米，宽5.3厘米，郝蕴琴、颜广仁收藏）

左页下图：**竹梅纹银质发卡**
（高4.1厘米，宽5.3厘米，郝蕴琴、颜广仁收藏）
从发卡的形状及弯曲度上看，可能是用在发髻上的。发卡左右两边有对称的四个小孔，应做系绳之用

明清时期江南一带的妇女有戴额帕的风尚。额帕由丝缎、薄纱、貂皮等材料制成，最初附施于冠，以御寒，后逐步发展成为一种兼有保健、束发与装饰之功的独特饰物。明代妇女不分长幼，皆以额帕为额头上的装饰。使用额帕的习俗源自唐宋，唐代称额帕为"抹额"，宋代称之为"抹子"。明代额帕的面料，冬用乌绫，夏用乌纱，每幅阔约三寸，长约六寸，系扎于额上。其上常缀饰一些金银珠翠制成的首饰，更有以珠玉制成的珠箍，为贵者所用。如严嵩家被籍没时就有"金厢珠宝头箍七件""金厢珠玉宝石头箍二条"。额帕的形式，明初尚阔，至崇祯又行窄。清·叶梦珠《阅世编》一书记云："今世所称包头，意即古之缠头也。古或以锦为之。前朝冬用乌绫，夏用乌纱，每幅约阔二寸，长倍之。予幼所见，皆以全幅斜褶阔三寸许，裹于额上，即垂后，两杪向前，作方结，未尝施裁剪也。"清以后称头箍为"勒子""遮眉勒""乌兜"等。《红楼梦》第六回："那凤姐家常戴着紫貂昭君套，围着那攒珠勒子。"清代的头箍有的已按头形裁剪成型，其内常衬有锦帛，以助成型，可随时取戴，无劳系扎之烦。

系勒子的明代妇女
（选自《故宫珍藏百美图》）

清末戴攒珠遮眉勒的妇女

左页图（从上至下）：
花卉纹银质嵌宝帽花
（高2厘米，宽2.5厘米，郝蕴琴、颜广仁收藏）
牡丹纹银质嵌宝帽花
（高3.5厘米，宽4.9厘米，郝蕴琴、颜广仁收藏）
花卉纹银质嵌宝帽花
（高2.3厘米，宽3.3厘米，郝蕴琴、颜广仁收藏）
此类银饰常缀饰于妇女头箍或帽子中央，俗称"帽花"，其形制多繁华富丽，工艺则精工细作

第一章 发饰

壹叁玖

妆匣遗珍

壹肆零

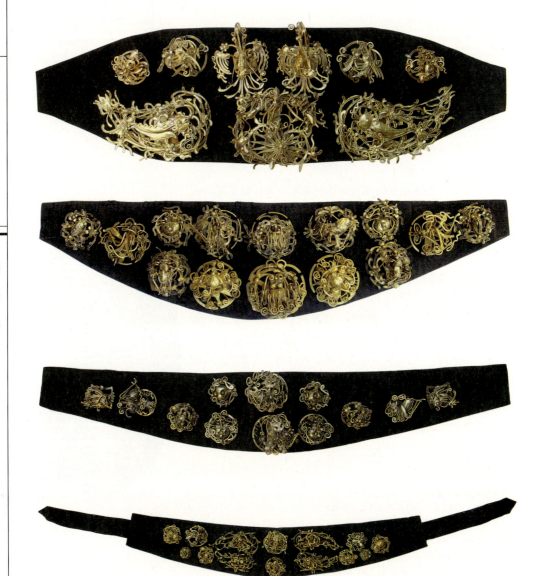

戴乌兜的清代妇女传世照片
(金伯宏收藏)

照片中的女子戴乌兜，上缀金银珠翠等首饰。乌兜顾名思义为黑色头箍，多以黑绒制成，冬季则以貂皮覆额。"昨夜西风寒起栗，额妆明日戴新貂。"就我曾见过的头勒而言，其品种及样式十分丰富。光素的仅一黑布条，中间加缀一件首饰，而复杂的则加缀十多件大小不一的各式金银珠翠首饰；有的排成一行，有的排成两行或三行；这类首饰多以金银丝制成多层花卉或金凤形状(见左页图)，形制十分复杂，有极细的品种，稍有动静便会震颤不已；头勒的形状也很不相同，有的是窄窄的一条，有的中间很宽，两边渐窄，有的已依于头形固定成型，而大多呈带状，用时须系扎

左页图：各式乌兜
宽窄长短不一，上缀各种形制与纹样的累丝银饰。由于年代久远，丝线糟朽，所以这类银饰件多为后人以新线重新缝于黑布之上，位置、数量是否仍沿旧制就不得而知了

第一章 发饰

壹肆壹

花卉纹镶玉石银质帽花

(郝蕴琴、颜广仁收藏)

这种形制的银饰大多用丝线固定在妇女头箍或帽子的中央

左页图：蝴蝶、金凤纹银质帽花

(郝蕴琴、颜广仁收藏)

工艺采用锤锻、錾刻、镂空、银丝镶边、多层焊接、鎏金等，造型优雅，制作精美

第一章 发饰

左图：清末妇女与儿童传世照片

（云南地区，金伯宏收藏）

照片中儿童的帽子上饰有银质帽花。清末时期的帽花有花草凤蝶、佛道神仙、禽鸟瑞兽、吉祥文字等，多以白银制作。其中花草凤蝶是妇女最喜爱的帽花纹样，而佛道神仙（特别是八仙人物）、吉祥文字是儿童的帽花中最常用的题材

右页图：刀马人物纹及寿星纹银镀金帽花正背

（刀马人物高6.7厘米，宽4.3厘米；寿星高3.3厘米。郝蕴琴、颜广仁收藏）

工艺采用深浮雕锤锻、錾刻、镂空、焊接、鎏金等。上下缘有孔，可系丝线。右下图中寿星背部上方向外多出一圈银片，有圆雕的感觉，但又省料省工，人物帽花多采用这种设计。将这种帽花系在帽子上时，帽花微微向前探出，极有立体感，这就是民间工匠的智慧

上图：团鹤纹银质烧蓝帽花
（高4.3厘米，宽3.6厘米，贺今收藏）

右图：人物狮纹银镀金帽花
（高6.8厘米，贺今收藏）
人戴虎头帽，上插长翎，手执如意，下跨狮。三面圆雕，造型生动，做工繁复细腻，狮尾、长翎等部位皆可活动

下图：人物纹银质帽花
（宽5厘米，杭海收藏）
中间人物骑马戴官帽，两侧人物手持长扇。高浮雕、镀银工艺

人物纹银质帽花局部

童子纹银镀金帽顶正背
（高5厘米，底座直径约3.5厘米，郝蕴琴、颜广仁收藏）
童子双手持笙立于莲蓬座之上，莲蓬有多子的寓意，莲与笙谐音"连生"，与童子结合起来，寓意连生贵子。帽顶下沿有孔，可引线缝于童帽之上

童子纹银质帽顶

(高4厘米,底座直径约3.1厘米,郝蕴琴、颜广仁收藏)

第一章 发饰

壹肆玖

鸭纹银质帽花三枚
(郝蕴琴、颜广仁收藏)
鸭子的偏旁是"甲"字,甲是天干的第一位。中国科举分为乡试、会试、殿试,其中殿试有三甲之分,一甲之首为状元,故一只鸭子喻状元及第,如"一甲一名"(一只鸭衔一根芦苇)即是此意。吉祥纹样与鸭有关的还有鸭子探莲、鸭戏荷塘、鸭子衔鱼等,则有阴阳相合、繁衍生息的生殖古意

右页上图:**鸭纹银质帽花**
(高3厘米,宽4.5厘米,郝蕴琴、颜广仁收藏)
右页中图:**鸭纹银质坠饰**
(高3.2厘米,宽4厘米,郝蕴琴、颜广仁收藏)
右页下图:**鸭纹银质别针**
(高2.6厘米,宽2.8厘米,郝蕴琴、颜广仁收藏)

鸭纹银质帽花
（高3厘米，宽4.5厘米，郝蕴琴、颜广仁收藏）

鸳鸯衔灵芝纹银质帽花
（高2.1厘米，宽3.5厘米，郝蕴琴、颜广仁收藏）

宋代绘画中的鸭子

上图："三多"纹银质烧蓝帽花
（高3.3厘米，宽4.3厘米，郝蕴琴、颜广仁收藏）
下图：麒麟送子纹银质烧蓝帽花
（高3.7厘米，宽4.2厘米，郝蕴琴、颜广仁收藏）

左页上图：鸳鸯衔灵芝纹银质帽花
（高2.1厘米，宽3.5厘米，郝蕴琴、颜广仁收藏）
晋·张华《禽经》："鸳鸯，匹鸟也，朝倚而暮偶，爱其类也。"古人称鸳鸯为匹鸟，其形影不离，朝则雄左雌右，并翅而飞，暮则连翼掩翅，交颈而眠，若失其偶，永不另求。世人常以鸳鸯来比喻夫妻和谐幸福。灵芝又称灵草、瑞芝等，中医入药，有滋补作用。古人认为采食灵芝可羽化成仙，长生不老，故鸳鸯衔灵芝象征夫妻和睦、白头偕老
左页中图：鸳鸯衔春草纹银质帽花
（高2.2厘米，宽3.3厘米，郝蕴琴、颜广仁收藏）
左页下图：鸭子衔鱼纹银质帽花
（高2.8厘米，宽3厘米，郝蕴琴、颜广仁收藏）

第一章 发饰

上图：蟾蜍纹银质帽花
(高3.4厘米，郝蕴琴、颜广仁收藏)
蟾蜍在民间吉祥纹样中寓意多子
下图：狮子纹银质帽花
(高3.5厘米，郝蕴琴、颜广仁收藏)

右页图：
(一) 和合二圣纹银质帽花
(宽6厘米，杭海收藏)
二僧执荷抱盒，脚踏祥云。中间有头向下的蝙蝠一只，寓意福到(倒)。帽花下坠果实银铃，寓意多子
(二) 和合二圣纹银质帽花
(宽6.5厘米，杭海收藏)
二僧执荷抱盒，脚踏祥云。下坠果实银铃
(三) 果实纹银质帽花
(宽4.2厘米，郝蕴琴、颜广仁收藏)
(四) 莲花纹银质帽花
(郝蕴琴、颜广仁收藏)
(五) 喜鹊登梅纹银质帽花
(宽4.7厘米，贺令收藏)
(六) 莲花纹银质帽花
(郝蕴琴、颜广仁收藏)

"和合二圣"：清人汪汲《事物原会》："和合神乃天台山僧寒山、拾得也。"寒山、拾得是唐代高僧，传说二人相交甚厚，和睦同心。后经历代附会，衍化而成和合二圣。民间以和合二圣为婚姻之神，图像为一僧执荷(和)，一僧捧盒(合)，寓意和合通好。翟渤《通俗篇》记云："雍正十一年敕天台寒山大士为和圣，拾得为合圣。"

第一章 发饰

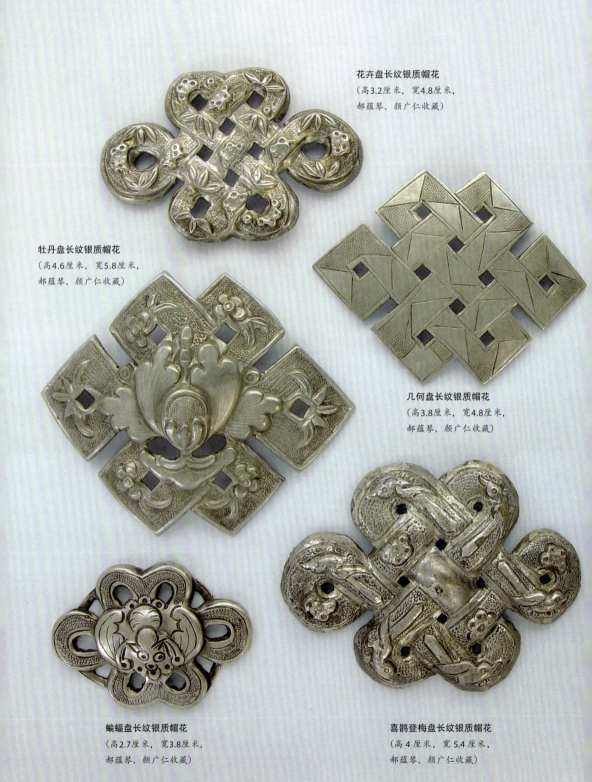

花卉盘长纹银质帽花
（高3.2厘米，宽4.8厘米，
郝蕴琴、颜广仁收藏）

牡丹盘长纹银质帽花
（高4.6厘米，宽5.8厘米，
郝蕴琴、颜广仁收藏）

几何盘长纹银质帽花
（高3.8厘米，宽4.8厘米，
郝蕴琴、颜广仁收藏）

蝙蝠盘长纹银质帽花
（高2.7厘米，宽3.8厘米，
郝蕴琴、颜广仁收藏）

喜鹊登梅盘长纹银质帽花
（高4厘米，宽5.4厘米，
郝蕴琴、颜广仁收藏）

上图：鱼盘长纹银质帽花
（宽5厘米，杭海收藏）
下图：四季花卉盘长纹银质帽花
（宽5.3厘米，贺今收藏）

盘长是佛教八宝（又称八吉祥）之一，有四环贯彻，一切通明的象征意义，在民间则有福寿延绵不绝的吉祥寓意。常见的盘长纹样有四合盘长、方胜盘长、梅花盘长等。盘长也常和其他吉祥纹样组合，如和牡丹、蝙蝠等纹样组合，便成了福贵盘长；和葫芦藤蔓纹样组合，便成了万代盘长

第一章 发饰

壹伍玖

妆匣遗珍

壹陆零

上图：**刘海撒钱纹银质帽花**
（直径4.6厘米，郝蕴琴、颜广仁收藏）
下图：**鱼戏莲纹银质帽花残件**
（宽4.5厘米，杭海收藏）
构图饱满，刻画细腻，鱼的神态极有趣味

左页上图：**福字纹银质烧蓝帽花**
（高3.6厘米，宽3.9厘米，郝蕴琴、颜广仁收藏）
左页下图：**石榴纹银质烧蓝帽花**
（高2.7厘米，宽2.3厘米，郝蕴琴、颜广仁收藏）

第一章 发饰

第二章 耳饰

妆匣遗珍

壹陆肆

内蒙古赤峰市敖汉旗兴隆洼遗址出土的玉玦
（直径2.5厘米）
该玉玦是中国已发现的最早的玉器之一

坠有小铃的耳珰
（选自原田淑人《汉六朝の服饰》）

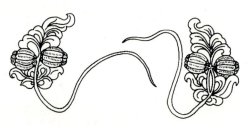

宋代果实纹金耳饰
（江苏无锡扬名宋墓出土）

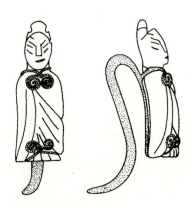

元代金镶玉耳饰
（陕西西安玉祥门外元墓出土）

头安金步摇，耳系明月珰。

——晋·傅玄《艳歌行·有女篇》

商周时期的耳饰有玦、瑱、珰、环等。玦是指有缺口的环形玉石，有的素面无纹，有的雕琢纹饰，玦小者为耳饰，玦大者则为佩饰；瑱是用丝绳系挂于衡笄垂于耳旁或直接挂于耳上的玉质垂饰（《说文》："珥，瑱也。"后世簪珥连用，即本于此）；珰是直接穿挂于耳垂的耳饰，珰的形制多为圆柱状，两端大，中间略收，以便卡在耳孔之中；环则为圈状耳饰。汉以后，称耳饰为耳珰。《释名》："穿耳施珠曰珰。"《后汉书》志第三十《舆服下》："珥，耳珰垂珠也。"

佩戴耳饰，就得穿耳孔。旧时女孩子在六七岁时，由其母亲或祖母用米粒在其耳垂上反复碾磨，使之麻木，即用炉火烧红的针尖穿耳，再贯以通草或线绳，久之则成小孔。《三国志·吴志》中诸葛恪曰："母之于女，恩爱至矣，穿耳附珠，何伤于仁。"

穿耳之俗由来已久。在商周时期的出土器中，穿耳人形器屡有发现。至秦汉，皇后、嫔妃、命妇皆不穿耳，而士庶女子则须穿耳，穿耳与否，在当时是区别贵贱的标记。六朝及隋

上图：**商代金质耳珰**
（北京平谷区刘家河商墓出土）

下图：**西周金耳饰**
（陕西淳化县西周早期墓出土）

妆匣遗珍 壹陆陆

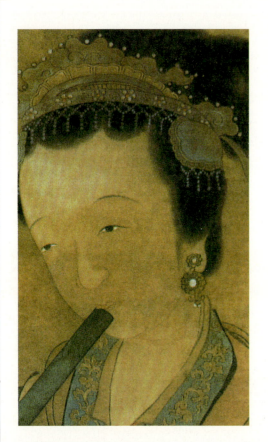

明·唐寅《吹箫仕女图》局部
画中女子所戴耳环与右上图鎏金嵌
珠花耳环相似

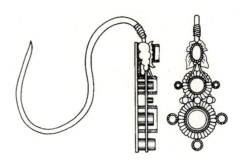

鎏金嵌珠花耳环
（上海卢湾明潘氏墓出土）

辽代契丹摩羯形耳环
金质，龙首鱼身

唐时期的汉族妇女也不穿耳。唐时妇女废止穿耳，与当时妇女地位提高、社会风气开放有密切关系，只有在优伶娼妓等人群中，才偶现穿耳戴坠的现象。五代·欧阳炯《南乡子》词有："二八花钿，胸前如雪脸如莲，耳坠金镮穿瑟瑟。霞衣窄，笑倚江头招远客。"宋明以后，提倡封建伦理纲常，强调闺范礼教，不仅普通妇女穿耳，就连皇后、嫔妃、命妇也悉数穿耳。清朝时汉族妇女耳饰仍沿明制；满族妇女的耳饰旧俗为"一耳三钳"，钳是指穿耳孔式的耳环，即一只耳朵上戴三件耳饰。

就形制而言，耳饰主要有耳环、耳珠、耳坠三大类。

耳环多系金属制。出土的商周时期的耳环多为青铜制品，金质耳环也时有发现。商代的金质耳环的形制为：一端锤打成尖锥状，以利穿耳，另一端锤打成喇叭口状。宋代穿耳之风盛行，耳环风格多样，材质有铜、金、

慧贤皇贵妃像
（纸面油画，郎世宁作，故宫博物院藏）
满族妇女的耳饰为一耳三钳，即一只耳朵上戴三件耳饰，画中贵妃所戴耳饰即为一耳三钳

第二章　耳饰

明代葫芦形金质耳环

（明代正德十二年，长6厘米，葫芦长3.2厘米，宽1.3厘米，南京太平门外板仓徐俌墓出土）

上端钩状，下接葫芦，葫芦空心，上有五片叶子，叶子上有金丝及五珠装饰，葫芦底部有古钱纹，以模压、锤锻、錾刻、焊接等工艺制成

银、玉等。辽金至元，出土的耳环以青铜、金质为主，多镶嵌玉石，其形制巧异，工艺精美，这与北方少数民族长期制作与佩戴耳饰的习俗有关。明代耳饰工艺精绝，特别是以累丝镶嵌工艺见长。出土的明代耳环中有一种葫芦形的耳环最为常见，其形制为：上端钩状，下接累丝中空葫芦，或以一小一大两颗玉珠上下相连而成，形似葫芦。这种耳环到清朝仍在流行。明代的笔记小说中也往往有关于耳环的记载，如《天水冰山录》记载严嵩被籍没的家产中，有"金水晶仙人耳环""金点翠珠宝耳环""纯金方楞耳环""金厢四珠宝石古老钱耳环""金珠串楼台人物耳环""金厢玉灯笼耳环""金累丝灯笼耳环"等共几十种。清代银质耳环品种及样式极多，繁简不一，简者仅一光素银环，繁者则錾刻、镂空、模压、焊接等诸多工艺齐集。其中一种最为常见的形制为：一端细长呈钩状，另一端长扁片上弯，上挂金银、玉石等坠件，片首多加圆形花饰。在传世的清代绘画及照片上，无论是皇室嫔妃，还是庶民女子，这种式样的耳环最为常见，可能是那一时期的流行式样。

左页图：《雍正妃行乐图》之一
画中女子所戴耳环，以一小一大两颗玉珠上下相连而成，形似葫芦

第二章 耳饰

耳珠是嵌在耳垂上的小耳饰，多以圆形或椭圆形为主，常见的材质有金、银、珠、玉等。清·李渔《闲情偶寄·声容部》："饰耳之环，愈小愈佳，或珠一粒，或金银一点，此家常佩戴之物，俗名'丁香'，肖其形也。若配盛妆艳服，不得不略大其形，但勿过丁香之一倍二倍。"李渔所说的"丁香"即是耳珠的一种。

耳环下的坠饰被称为耳坠。《金瓶梅词话》中曾提及许多耳坠名称，如"金笼坠子""金镶紫瑛坠子""玲珑坠儿""金镶假青石头坠子""宝石坠子""银镶坠儿"等。又如《红楼梦》第六十三回："当时芳官满口嚷热……右耳眼内只塞着米粒大小的一个小玉塞子，左耳上单带着一个白果大小的硬红镶金大坠子。""小玉塞子"即是玉质耳珠，"坠子"即耳坠。耳坠既有与耳环一体的，也有可分开的类型，后者可根据需要随时更换不同的耳坠。清代富裕人家的女子，可拥有几十至上百副耳坠，依服装、妆饰、季节、场合的不同而选用不同样式的耳坠。像灯笼、月兔、寿字形耳坠，当为四时配合应景服饰所佩用。如北京定陵孝靖皇后棺出土的玉兔捣药纹金玉耳坠，应是中秋节所用，由金、玉等材料制成，并嵌以宝石，形制优雅，制作精美。

玉兔捣药纹金玉耳坠

（北京定陵孝靖皇后棺出土）

第二章 耳饰

壹 柒 壹

左页图：花卉纹银质耳环成对

（耳环直径2厘米，总长5.9厘米，贺今收藏）

耳坠的形制为镂刻花纹加银片坠饰，耳环与耳坠可分开，
可根据需要更换不同的耳坠

上图：清代嵌翠环金质蝠纹耳环
（翠环直径2.9厘米，北京海淀区花园村出土，首都博物馆藏）
耳环一端呈细钩状，上部焊接金蝙蝠，翠环悬挂在金环上
左图：清代仕女画

右页图：清末皇妃传世照片
两幅人物图中的耳环样式与上图大致相同：金质耳环，一端呈细钩状，另一端长扁片上弯，中间圆形烧蓝花饰，下挂翠环。此种嵌翠耳环在清末绘画及传世照片中最为常见，当为那时的流行饰品

花卉纹银质耳环成对

(耳环直径约2厘米,总长3.8厘米,郝蕴琴、颜广仁收藏)

一端细钩状,另一端长扁片上弯,中间锤锻、錾刻圆形花饰,下坠花形银片(其中一只已失)。这种形制的耳环是清代妇女最常用的耳环

右页图:**清末满族女子传世照片**

(英 John Thomson 摄影)

照片中的满族女子佩戴的耳环样式与上图基本一致

花卉纹银镀金耳坠成对
(总长约6.2厘米,贺今收藏)
银丝盘成花形,下有条状坠饰,耳坠背面有"十足""永顺祥""纹银"等字样

右页图:楼阁童子纹银质耳环成对
(总长约12厘米,主件长4厘米,宽3厘米,贺今收藏)
耳环S形,饰以楼阁、双龙、莲花、童子等纹样,下坠七条杂宝银链,形制繁复,做工精美

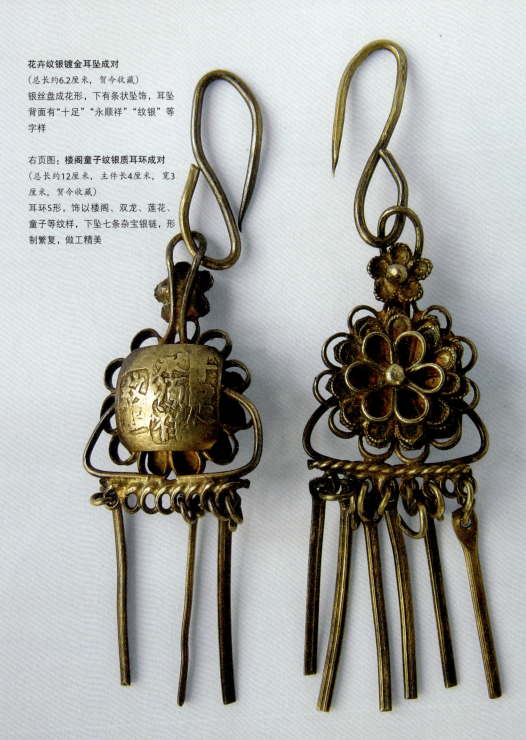

第二章 耳饰

壹柒柒

花卉纹三连环银质耳环成对
(耳环直径约1.6厘米,总长4.3厘米,郝蕴琴、颜广仁收藏)
耳环光素无纹,下坠刻花三连环

右页图:清代仕女油画
画中女子戴金质耳环,形制为长扁片上弯,中间圆形烧蓝饰片,上镶珠宝,下坠三连环坠件。连环耳坠是清代常见的耳饰之一

上图：**花卉纹银质烧蓝耳环**
（直径约1.4厘米，郝蕴琴、颜广仁收藏）
一端细钩状，另一端长扁片上弯，中间圆形烧蓝花饰片，下面的坠件已失

下图：**花卉纹银质烧蓝耳环**
（直径约1.6厘米，郝蕴琴、颜广仁收藏）
一端弯钩状，另一端长条上弯，中间圆形烧蓝花饰片

左页图：**清代仕女油画**
画中女子松鬓扁髻，发际高显，头插翠玉簪等饰物，身着绣牡丹华服，衣襟处挂串珠，神态安祥，雍容华贵。所戴的金质耳环，其形制为长扁片上弯，中间圆形烧蓝饰片，上镶珠宝，下坠三连环翡翠坠件

第二章 耳饰

壹捌壹

清末北京贵族妇女传世照片
（英 John Thomson 摄影）
贵妇所戴耳环与右页图中的相似，上部为环形上翘形制，下坠银链等饰物。此类耳环为当时的常见式样

左图：楼阁人物纹银镀金耳环

（总长8.7厘米，宽2.5厘米，贺今收藏）

上部模压、锤锻楼阁人物及连环古钱纹，下坠银链诸饰，形制富丽，布局合理，做工精湛

右图：花鸟纹银质耳环

（总长7.2厘米，郝蕴琴、颜广仁收藏）

上部为花鸟纹样，下坠花叶形银片，形制优雅，做工精细

第二章 耳饰

《点石斋画报》中的清末妇女
所戴耳坠与左页图中的相似

左页图：人物故事纹银质耳坠成对
（总长8.7厘米，宽3.3厘米，闽南地区产品，贺今收藏）
上部为三角形银片，模压、锤锻人物故事纹样，下坠银链及坠饰。造型繁复华丽，做工精巧细腻，是传世银质耳坠中的精品

第二章 耳饰

壹捌伍

寿桃纹银质耳环
（总长5.2厘米，宽1厘米，贺今收藏）
两边的为一对，其形制为寿桃纹接坠饰，做工精细，造型精巧

瓶花纹银质耳环
（总长4.2厘米，宽1.2厘米，贺今收藏）
中间为瓶花纹耳环，坠有银铃

龙纹银质耳环

（高2.3厘米，宽2厘米，贺今收藏）
北方少数民族耳环。龙纹巨首细尾，
造型质朴

银质耳环

（杭海收藏）
一端钩状，另一端为环形扁片，中间
有花饰，是清代常见的耳环样式

龙纹银质耳环

（高3.9厘米，宽3.2厘米，贺今收藏）
龙的造型有辽金风格，为北方少数民
族耳环

第二章 耳饰

人物纹银鎏金耳环两件

（上图高2.7厘米，宽1.5厘米；下图高2.5厘米，宽1.2厘米。贺今收藏）采用模压、錾刻、镂空、焊接等工艺制成，布局合理，工艺精湛

右页图：花卉纹银鎏金耳环

（郝蕴琴、颜广仁收藏）民国时期产品。耳环背部设有夹子，用时可夹住耳垂，而无须穿耳

第二章 耳饰

第三章　项饰

妆匣遗珍

壹玖贰

真珠璎珞黄金缕，十六妖娥出禁籞。
——明·瞿佑《天魔舞》

明清时期的妇女项饰主要有璎珞、项圈、项链、领扣等。串珠玉而成的装饰物称为璎珞，又可写作缨络。佛教绘画及雕塑中菩萨、飞天常以璎珞为颈饰。《梁书》卷五十四："其王着法服，加璎珞，如佛像之饰。"璎珞是否为外来之物，尚不得而知。唐宋时，妇女多以璎珞为项饰。《新唐书》卷二百二十一上："妇人项饰金、银、珠缨络。"《宋史》卷一百一十五："宋朝之制，诸王聘礼，赐女家白金万两……黄金钗钏四双，条脱一副，真珠虎珀璎珞、真珠翠毛玉钗朵各二副。"在明清小说中，璎珞一词也极为常见。如《金瓶梅》第二十回："妇人身穿大红五彩通袖罗袍儿……胸前项牌缨落，裙边环佩玎珰。"《红楼梦》中有关璎珞的描写很多，如宝玉戴"金螭璎珞"，凤姐戴"赤金盘螭璎珞圈"，宝钗戴的

宋代绘画中戴璎珞圈的儿童
项圈平素，两端头上卷，下有串珠花饰，中间的坠饰是虎头纹样。虎在民间有驱邪镇祟的寓意，故儿童用品常装饰以虎的形象，如虎头鞋、虎头帽、虎头枕等

左页图：明代绘画《往古妃后宫嫔婇女等众》局部
（山西博物院藏）
画中妇女华服盛妆，绾高髻，戴金银嵌宝头箍，胸前所佩项饰即为璎珞，其形制华丽繁复，是明清时期贵族妇女常用的饰物

第三章 项饰

壹玖叁

妆匣遗珍

壹玖肆

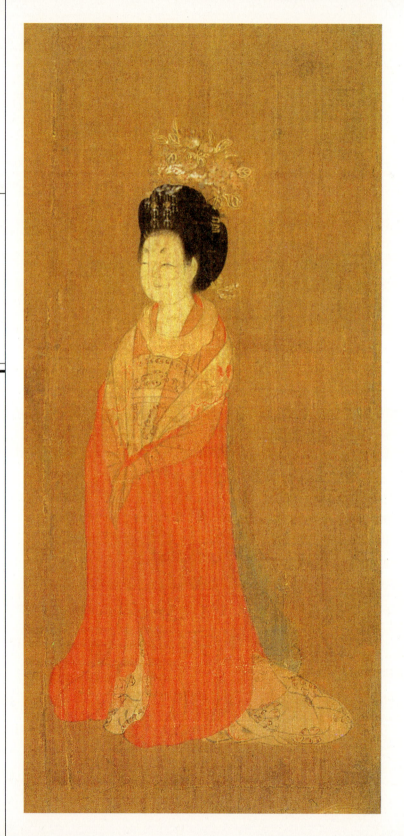

是"珠宝晶莹黄金灿烂的璎珞",等等。甲戌脂批:"璎珞者,颈饰也。想近俗即呼为项圈者是矣。"但璎珞与项圈并不完全相同,项圈是指用银条或金条弯成的圆圈,而璎珞既有圈状的,也有链状的,其形制比项链或项圈华丽繁复。

项圈的出现始于何时已很难考证,历代项圈的形制及衍化尚待系统研究。目前的考古发现表明,早至战国时代,中国北方少数民族已开始制作银质项圈,如内蒙古准格尔旗玉隆太战国墓曾出土一件银条弯成的项圈。内蒙古达茂旗西河子古墓出土的一件金质项圈,据考是魏晋时期的物品。唐代项圈的样式可见于周昉的《簪花仕女图》,画中的妇女所戴的项圈为圆形,扁片状,表面锤锻、錾刻各种纹样。宋元时期的项圈沿袭唐制,大都用金银锤打成薄片,再在器表錾刻纹样。唐宋时期金银质项圈的实物存世极少,就现有的资料来看,其形制与苗族的片状錾花项圈极为相似。有关项圈

上图:**宋代银镀金项圈**
(浙江宁波天封塔宋代地宫出土)
形制为片状圆形,模压、錾刻双线连珠纹,底部中间錾刻童子纹,两侧錾刻牡丹纹

下图:**唐代银项圈**
(传世品)
形制为片状圆形,两端渐细,银丝缠绕。表面錾刻双雁卷草纹

左页图:**唐·周昉《簪花仕女图》局部**
画中妇女所戴的项圈为片状圆形,表面锤锻、錾刻花卉纹样

第三章 项饰

壹玖伍

的记述在明清时期的地方志、笔记、小说等文献中屡见不鲜，如《金瓶梅》第三十九回，吴道官给官哥起名叫吴应元，还送了一些道符之物，其中就有"一付银项圈、条脱，刻着金玉满堂、长命富贵……"又如《红楼梦》中描述宝玉："身上穿着银红撒花半旧大袄，仍旧带着项圈、宝玉、寄名锁、护身符等物。"据说小孩脖颈上套项圈，可以将孩子"拴住"，借以保护年幼的孩子免遭疾病邪魔的侵害，因此佩戴项圈的习俗并不是简单的装饰，而是作为祛病辟邪的象征物，寄托着父母对孩子的无限爱意。

在明清时代不仅是孩童，年轻妇女也有佩戴项圈的习俗，如《红楼梦》第七十四回中，凤姐对平儿说："把我的金项圈拿来，且去暂押二百银子来送去完事。"汉族妇女和孩童戴项圈的习俗一直持续到上世纪五六十年代，在某些偏僻地区至今仍然存在。

项圈的制作如同其他饰物，一般富贵人

明·唐寅《吹箫仕女图》局部
画中女子所戴项圈两端上卷，下以银链接银牌坠饰

左页图：银质项圈锁
（直径约12.6厘米，全长30.5厘米，贺今收藏）
项圈分为两段，一端以长命锁连接，锁上錾有"五子三元"四字；另一端以银链相连，链下坠有银片，一面錾有花草纹样，另一面錾有"天仙送子"四字。该项圈锁虽银质不纯，但形制小巧质朴，手感温润，是一件有趣的小饰物

第三章 项饰

壹玖柒

明刻《历代百美图》中的仕女

书中女子大多戴项圈,项圈下的坠饰以长命锁为主,形制各异,饶有情趣

右页图:银质项圈残件

(残长约34.5厘米,郝蕴琴、颜广仁收藏)

项圈分三段,以圆形机钮相连接,机钮上饰有"寿"字纹。项圈表面模压、锤锻、镂刻花鸟人物纹样,开口处有长方形镂空银饰片,饰有花鸟纹样。此件繁华富丽,工艺高超,虽为残器,却为过眼项圈中难得的工艺精品

家多用黄金，普通人家多用银、铜，其中以银质的居多。

项圈的形制多种多样，最主要的有以下两种：

（一）封闭型项圈。直接用银条弯成圆圈，圈径粗细不一，圈成一圈后，两端左右绞绕，故能拉伸、调节圈的大小。项圈表面一般平素无纹，也有的简单錾刻些花草纹样。在中国乡村，至今仍可见到戴这种项圈的儿童。

（二）开口型项圈。项圈下端开口，讲究的则分为三段，接口处机钮相连，下部端口处左右各焊接银片，银片上打孔，再用一银锁套入左右孔锁住。民间称这类项圈为"项锁""项圈锁"。这类项圈既有平素无纹的简朴的类型，也有集锤锻、模压、镂空、錾刻、焊接等诸多工艺于一身，极尽精工细作之能事的繁复奢华的品种。

清人徐珂在《清稗类钞》中极为详尽地描述了一只不同寻常的项圈锁："嘉庆时，扬州玉肆有项圈锁一，式作海棠四瓣，当项一瓣，弯长七寸，瓣梢各镶猫睛宝石一。掩钩搭可脱卸，当胸一瓣，弯长六寸，瓣梢各镶红宝石一粒。掩机钮可叠，左右两瓣各长五寸，皆凿金为榆梅，俯仰以衔东珠。两花蒂相接之处，间以鼓钉金环。东珠凡三十六粒，每粒重七分，各为一节，节节可转。为白玉环者九，环上属圈，下属锁，锁横径四

寸，式似海棠，翡地周翠，刻翠为水藻，刻翡为捧洗美人妆。其背镌'乾隆戊申造赏第三妾院侍姬第四司盥'十六字，锁下垂东珠九鎏，鎏各九珠，蓝宝石为坠脚，长可当脐。"据说此等重器，当时既"值盖累万也"。又如《浮生六记》卷四《浪游记快》中记述："鸨儿素娘者，妆束如花鼓妇。其粉头衣皆长领，颈套项锁，前发齐眉，后发垂肩。"可见当时的烟花女子亦尚项锁之饰。当然，最有名的项锁故事当数《红楼梦》中宝钗的项锁了。《红楼梦》第八回："宝玉听了，忙笑道：'原来姐姐那项圈上也有八个字，我也赏鉴赏鉴。'宝钗道：'你别听他的话，没有什么字。'宝玉笑央：'好姐姐，你怎么瞧我的了呢。'宝钗被缠不过，因说道：'也是个人给了两句吉利话儿，所以錾上了，叫天天带着，不然，沉甸甸的有什么趣儿。'一面说，一面解了排扣，从里面大红袄上将那珠宝晶莹黄金灿烂的璎珞掏将出来。宝玉忙托了锁看时，果然一面有四个篆字，两面八字，共成两句吉谶，亦曾按式画下形相：'不离不弃，芳龄永继'。"此八字正对通灵宝玉上的"莫失莫忘，仙寿恒昌"。金锁对宝玉，是所谓"金玉良缘"。

麒麟送子纹银质项圈锁
（曾发表于广西美术出版社《中国民间美术全集》）

项圈福寿纹，银锁如意形，模压、锤锻麒麟送子纹样。童子着冠执莲，骑在麒麟身上，左上角有芦笙一只。"笙"与"生"谐音，寓意连生贵子。锁上方形银饰片模压、锤锻狮子纹

第三章 项饰

左页图：清·陈枚《月曼清游图》之"文阁刺绣"
画中央的绣花女子所戴项饰为金质项圈锁

人物故事纹银质项圈锁
（曾发表于广西美术出版社《中国民间美术全集》）
项圈镂空錾花，银锁模压、锤锻人物故事。项锁形制大度，纹饰繁复，制作精美

左页图：清代仕女油画
画中女子戴的项饰即为项圈锁，项圈由串珠做成，两端口上弯呈如意造型，上挂黄金嵌宝如意纹长命锁

第三章 项饰

贰零叁

明刻《历代百美图》中戴项圈的仕女
书中女子虽端庄美丽，却千人一面，反而是所戴项圈形制各异

右页图：戏曲故事纹银质项圈锁
（曾发表于广西美术出版社《中国民间美术全集》）
项圈錾刻花卉人物，银锁一面模压、锤锻"福寿双全"等吉祥文字及杂宝纹样，另一面则为戏曲故事。银锁造型饱满，做工十分精细。项圈锁中的银锁大都可开合，故在岁月中难免有丢失、修配的事情发生，存世品中，原项圈配原锁的并不太多

妆匣遗珍

贰零陆

清乾隆帝孝贤皇后朝服像

所戴项饰与左页图中的相似，唯以珊瑚为骨架，以镂金裹珊瑚，镶嵌之物当为珍珠。清代皇后及嫔妃所戴项圈称为领约，多以金银镶玉石、珊瑚等物，其下端常以丝带缀珠玉坠脚。《大清会典》记述皇后所用领约的规格为："领约，镂金为之，饰东珠十一，间以珊瑚，两端垂明黄绦二，中各贯珊瑚，末缀绿松石各二。"而皇后以下各等级嫔妃所用领约的质地与饰物数量有所差别

左页图：清累丝嵌玉双龙戏金珠项圈正背

（首都博物馆藏）

项圈以金裹玉，玉分八瓣，以金嵌玉石相隔（嵌物已失），左右两端有双龙拱珠成对，端口兽头纹，拱珠即为可转动的机钮，下端遂可任意开合。整体结构繁复巧妙，造型生动华美。全器采用累丝、镶嵌、錾刻、焊接等多种工艺制成，黄白相映成趣，纹饰繁复富丽，是一件工艺水准与艺术趣味俱高的清代项饰重器

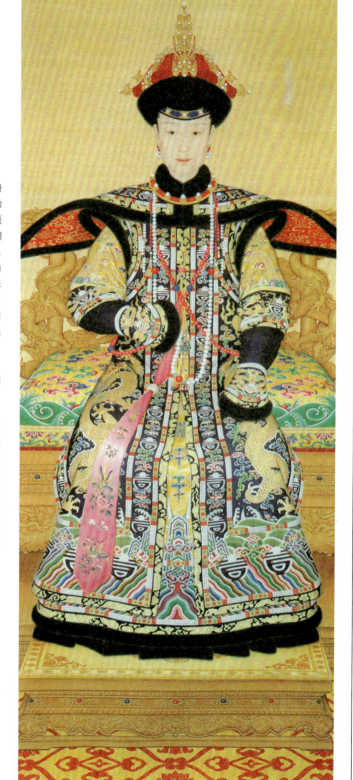

第三章 项饰

莲花纹银质长命锁
(高3.2厘米,宽4.2厘米,郝蕴琴、颜广仁收藏)
外观形似如意,表面模压、镂刻荷花纹样

人物花卉纹银质长命锁
(宽6厘米,杭海收藏)
如意纹外形,满錾珍珠地,模压、錾刻人物、花叶枝蔓等纹样。形制古雅秀丽,錾工细致流畅

日月纹银质长命锁
(高5.5厘米,宽7厘米,郝蕴琴、颜广仁收藏)
银锁左右錾刻有日月纹样,中间錾刻"长命锁"三个字。手感圆润,纹饰质朴

项链是链状颈饰，其下多坠有坠饰。明清时期的银质项链或项圈的坠饰五花八门，有花草、瑞兽、人物、佛道神仙、杂宝、铃铛、长命锁等，其中以长命锁与麒麟送子最为常见。长命锁是旧时儿童所佩戴的一种饰物，其形制多为银链或银项圈下坠银锁。按旧俗，孩子满月或百天时，须佩戴长命锁，据说能锁住小孩子的魂魄，禳灾祛病，降妖辟邪。旧时民间有"化百家锁"的风俗，由孩子的家人挨门逐户各乞讨一文钱，用讨来的钱打一把银锁，给孩子戴上，寓意百家福寿加身，所以有的长命锁上錾有"百家锁"的字样。戴长命锁的风俗可追溯到汉代。据《风俗通》等书记载，农历五月初五端午节，民间有在门楣上悬挂五色丝绳以辟邪祛瘟的风俗，后衍化为将彩绳挂于项间、系于手臂，称为"长命缕"。这种风俗一直流传到现在。记得是在上世纪六七十年代，我在南京过端午节时，母亲会用一支钩针将五彩丝线编织成一个小网兜，网兜下有

甲科袭世纹银质锁片正背

（主件高4厘米，宽5.5厘米，郝蕴琴、颜广仁收藏）
正面錾刻"甲科袭世"文字，背面錾刻一只螃蟹与芦苇。蟹有甲壳，一蟹寓意一甲，表示状元及第。"芦""胪"同音，寓意传胪。传胪者，金殿唱名之意

银质百家锁

（宽3.7厘米，杭海收藏）
表面模压、錾刻"百家锁"三字，寓意百家福寿加身

第三章 项饰

贰零玖

牡丹纹银质长命锁

(高5.2厘米，宽6.5厘米，郝蕴琴、颜广仁收藏)

双面工，锁中央满錾珍珠地，模压、錾刻花枝纹样，四周錾刻回纹、鱼鳞纹、草叶纹等纹样；另一面珍珠地上模压、锤锻"长命百岁"四字。银锁下的坠饰已失。造型工整，做工精湛

垂穗，在小网兜里装一只熟鸭蛋，收紧兜口，然后挂在我和妹妹的脖颈上。那是儿时的我关于端午节的最清晰、最美好的记忆。近年来，传统节日的味道已经变淡，年轻的母亲们已不会或无暇做这样的手工，于是这种儿时常见的旧俗在金陵城中已基本销声匿迹。长命缕即是长命锁的前身。清·余有丁《帝京五日歌》中有"系出五丝命可续"的诗句；乾隆《大同府志》记载："男子生弥月或周岁，辫红线锁带之。"说的是男孩满月或周岁时，须佩戴红线绳以锁命辟邪。按老规矩，婴儿佩戴的银锁，要等到结婚时才能取下来，之后由父母收藏。据说这样无论孩子走多远，其魂魄依然由父母长久地"锁住"，孩子因此能禳祸祛灾，避免不测。

长命锁通常不可以打开，也有少部分附有钥匙，可以开合。有些尺寸较大、分量很重的麒麟送子银饰或银锁，只是在孩子满月或周岁等纪念日才象征性地戴一下。

常见的长命锁的形制主要有两种：

（一）单片型长命锁。形制为一银片，厚薄各异，其上或模压或錾刻各种吉祥纹样。一般来说，使用模压、锤锻工艺的多为单面工，银片较薄；而使用錾刻工艺的多为双面工，银片较厚。

双旗纹银质长命锁侧面

(厚1厘米，郝蕴琴、颜广仁收藏)

锁侧面较厚，刻有小孔，锁内有银砂，摇动时可发出声响

莲花纹银质锁片

(高6厘米，宽8厘米，郝蕴琴、颜广仁收藏)

模压、镂刻莲花、荷叶、莲子、藕节等纹样。银质纯正，造型饱满而灵秀，锁下有孔，当为垂挂坠饰所用

左页图：上世纪四五十年代老照片中戴长命锁的男孩

第三章 项饰

少年英雄银质长命锁正背
（主件宽6.2厘米，贺今收藏）
一面模压、锤锻工、农、兵人物纹样、五星纹样及"团结一致"文字；另一面为"少年英雄"文字、五星及麦穗纹样。坠饰依然是佛手、石榴、寿桃、莲蓬等传统纹样

（二）双片型长命锁。锁分正背，有厚度，厚度从0.5厘米到1.5厘米不等。正面常为吉祥文字，如"长命百岁""五子登科""长命富贵"等；另一面则有珍禽瑞兽、佛道仙人、花鸟人物等吉祥图案。有一种长命锁虽只有一面，但四周垂直焊接有薄银片，看上去有一定厚度，似为双面工；还有一种正面有工，侧面有厚度，而背面则为平板的形制。

长命锁的外形一般为如意形，也有腰子形、寿桃形、长方形等其他形状。如意形长命锁多加有坠饰，坠饰多为银链、银铃、银片等，而腰子形、寿桃形长命锁则很少有坠饰。长命锁的工艺过程一般为：先以高温模压、锤锻银片，成型后依所需形状加以剪裁，在此基础上再使用錾刻、镂刻、烧蓝等工艺进一步细加工，之后将做好的银片焊接成型，成为有一定厚度的银锁，最后加上银链与坠饰。

长命锁是一种极具时代特征的民间饰物，在我们的藏品中既有长命百岁、长命富贵、百

左页图：保卫祖国，世界和平银质挂件
（总长6.5厘米，杭海收藏）
双面工，模压、锤锻人物、坦克、五星红旗等纹样。造型质朴饱满，充满时代朝气与传统意趣，显示了民间工匠卓越的想象与变通能力

第三章 项饰

家锁之类的传统题材的品种,也有少年先锋甚至抗美援朝、保家卫国等题材的近现代品种,这类题材的出现昭示着长命锁原有的锁命辟邪、禳祸祛灾的古老寓意的淡化,也可理解为在特定社会风尚之下的权宜之计或积极变通。

今天越来越多的人开始重新看待与思索传统文化的价值与意义,同时怀旧正成为一种时尚,于是我们又可在首饰店里见到数量不多的新做的传统样式的银质长命锁,但其做工、纹样都无法与过去相比,更为重要的是其表面泛着一层新灿灿的亮光,而缺乏由岁月造成的由里而外的柔顺的包浆。我外婆曾将一只据说是我母亲用过的银挂件送给我,这件银挂件与我的其他藏品相比,真是极其普通,但当我摩挲其柔和、黝暗的表面时,我感触到的是我母亲的童年。那个对我来说永远遥不可及的陌生年代,却因为一只小小的银挂件而变得可以触及,可以再现。

左页图:**戏曲人物纹银质筒状锁**
(郝蕴琴、颜广仁收藏)
银锁长筒状,形制较少见,表面模压、镂刻戏曲人物,布局繁复有序,造型古雅生动,保存基本完好

上图:**福寿纹铜镀银长命锁**
(高4厘米,宽6厘米,杭海收藏)
双面工,纹样为双蝠拱寿桃,寓意福寿。一面錾刻"长命"二字,另一面錾刻"百岁"二字。造型玲珑剔透,双蝠生动可爱,其下坠饰已失
下图:**人物花卉纹银质锁片**
(高5厘米,宽6.4厘米,贺今收藏)

第三章 项饰

上图：**状元及第纹银质锁片**
（高6.7厘米，宽8.2厘米，郝蕴琴、颜广仁收藏）
中间状元加冠，周围有童子执莲相送

下图：**双旗纹银质长命锁**
（高5.6厘米，宽7.6厘米，郝蕴琴、颜广仁收藏）
双旗是民国时期常用的纹样。该锁图案布局疏朗大度，工艺纯熟精练

左页图：**狮纹银质长命锁**
（高8厘米，宽9.5厘米，杭海收藏）
锁中央模压、锤锻狮子纹样，其下有一绣球，左右有楼阁并"日""月"二字。狮子造型雄奇饱满，极富张力，整体构图疏朗有致。惜上部银链及下部坠件尽失，现在所见坠件均为商贩随意后配。
在传统银饰中，狮纹是最常见的动物纹样之一，寓意降妖祛魔，官位荣达

第三章 项饰

贰壹柒

花卉纹银质长命锁
（主件高6.7厘米，宽8厘米，郝蕴琴、颜广仁收藏）
形制特别，外缘折线几何形，中间模压、錾刻花卉纹样，下坠银铃饰件

长命富贵纹银质长命锁背面
（主件高5.7厘米，宽7.6厘米，郝蕴琴、颜广仁收藏）
表面模压、锤锻"长命富贵"四字及寿桃、蝙蝠纹样，其下坠饰已失。右页图为该锁正面，模压、锤锻戏曲人物纹样及"日""月"二字

长命富贵纹银质长命锁正面

左右页图：长命富贵纹银质长命锁正背
（主件宽6.3厘米，贺今收藏）
中间模压、錾刻刘海撒钱纹样，有意思的是刘海脚下不是金蟾，而是一不知名的四脚动物，不知是刀工不拘，还是另有说头。刘海左右是对称的双亭，其内有钟鼓各一，当是庙宇内常见的晨钟暮鼓

文王百子纹银质锁正背

（高4厘米，宽5.2厘米，郝蕴琴、颜广仁收藏）

一面为"文王百子"文字，另一面为人物、鹿等纹样。该锁形制周正，錾工精湛流畅，必出自良工之手

左页图：花鸟纹腰子形银质锁正背

（高4.5厘米，宽5.5厘米，郝蕴琴、颜广仁收藏）

一面锤锻、錾刻花鸟纹样，小鸟造型雄奇挺拔，充满张力。鸟有宜子之兆，是民间常用的吉祥题材。另一面为"三多"纹样。该锁造型质朴，纹饰饱满，具有很高的趣味与格调

第三章 项饰

绵绵瓜瓞纹银质锁正背

（高2.3厘米，宽3.5厘米，郝蕴琴、颜广仁收藏）

一面模压、锤锻蝴蝶纹样，另一面为双蝶及两童子抱瓜。"蝶"与"瓞"谐音，寓意绵绵瓜瓞、子孙万代。《诗经·大雅》中有："绵绵瓜瓞，民之初生。"汉·毛亨《毛诗故训传》："绵绵，不绝貌。"宋·朱熹《诗集传》："大曰瓜，小曰瓞。瓜之近本初生者常小，其蔓不绝，至末而后大也。"后来"绵绵瓜瓞"就成为宗室兴盛、子孙万代的象征。晋·潘岳《为贾谧作赠陆机》诗："夏殷既袭，宗周继祀。绵绵瓜瓞，六国互峙。"农历七月初七，有些地方的妇女有以瓜相赠的习俗，寓意送子，即本于此

福字纹银质锁
（主件高 4.5 厘米，宽 4 厘米，郝蕴琴、颜广仁收藏）
外观呈桃心状，表面珍珠地，錾刻"福"字纹样

清代传世照片

男童戴麒麟送子、铜钱元宝纹银挂件。如同长命锁一样，麒麟或麒麟送子也是清代常见的佩饰之一。《红楼梦》第三十一回："湘云举目一验，却是文彩辉煌的一个金麒麟，比自己佩的又大又有文彩。"

第三章 项饰

麒麟是古代传说中的瑞兽。《说文》："麒，仁兽也，麋身，牛尾，一角。""麟，牝麒也。"《宋书》卷二十八："麒麟者，仁兽也。牡曰麒，牝曰麟。不刳胎剖卵则至。麋身而牛尾，狼项而一角，黄色而马足。含仁而戴义，音中钟吕，步中规矩，不践生虫，不折生草，不食不义，不饮洿池，不入坑阱，不行罗网。明王动静有仪则见。"史书中屡有麒麟出现某地的记载，以为帝王仁德的祥瑞之兆。

麒麟送子的传说源于孔子出生的故事，晋·王嘉《拾遗记》记云："夫子生之夕，有麟吐玉书于阙里

左页图：麒麟送子纹银质挂件
（总长38.5厘米，主件高8厘米，杭海收藏）
童子手持如意，骑在麒麟身上，麒麟造型显然深受传统狮子造型的影响，其纹饰制作极为精美。下坠银饰为寿桃造型，上面的银链为古钱纹，构思特别，做工精细

妆匣遗珍

贰贰捌

麒麟送子纹银质挂件
(主件高10.7厘米，宽8厘米，郝蕴琴、颜广仁收藏)
童子加冠冕，着命服，手捧玉书，麒麟趾下如意、祥云纹。双面錾工，造型优雅，做工精湛，惜坠饰已失

人家。"说的是孔子出生时，在其故里有麒麟吐玉书的瑞应，玉书上写："水精之子孙，衰周而素王。"说的是孔子生不逢时，有帝王之德而未能居其位。之后便衍化成"麒麟儿"的雏形，唐·杜甫有诗云："孔子释氏亲抱送，并是天上麒麟儿。"(杜甫《徐卿二子歌》)

麒麟送子图像中的童子大多手执莲花。如前所述，执莲童子的图像始自唐代，莲花童子在民间一直有"宜子之祥"的象征意义，故经宋至元明两代一直盛行不衰。明清之际，流行以字的谐音喻意吉祥的风俗，北方叫"取吉利"，南方叫"讨

左页图：**麒麟送子木雕**
(郝蕴琴、颜广仁收藏)
童子手持笙，麒麟趾下祥云纹。圆雕工艺，造型生动，刀法细腻

口彩","莲"与"连"音相谐，童子执莲的图像，便有了连（莲）生贵子的寓意。这一形象与麒麟合二为一，构成麒麟送子的图像：童子戴冠冕，着命服，手中执莲抱笙，坐在麒麟背上，麒麟趾下祥云缭绕，有时还有观音、仙人相送，金童玉女相随。这一图像最早出现于明清之交，后成为中国民间祈福求子、盼望子孙贤达的最典型、最常用的吉祥纹样。

　　银质麒麟送子造型一般为一童子坐在麒麟之上，手执莲花、笙、如意、玉书等，头上束髻加冠，身上则玉带锦袍；麒麟的造型基本脱胎于传统的狮子造型。复杂一些的，则有仙姑护驾，童男童女相随。从做工上看，有单片的，也有双面立体的。单片较厚的多采用錾工，较薄的则采用模压锤锻工艺。最为常见的品种则为双面立体的造型，这类形制的麒麟送子分前后面，有立体感，工艺较为复杂，常见的有模压、锤锻、錾刻、镂空、烧蓝、焊接、银镀金等工艺。

左页图：麒麟送子纹银质挂件背面
（贺今收藏）
童子加冠，手执莲花，童子背后模压有银店的字号

第三章　项饰

左右页图：麒麟送子纹银质挂件正背
（总长41.5厘米，主件高8.5厘米，宽8.3厘米，郝蕴琴、颜广仁收藏）

童子手持莲花，寓意连生贵子；麒麟造型生动，做工精美。该挂件是郝蕴琴老师在文物商店买的，就是看中它银质纯正，保存完好，所有配饰皆系原配，童子背后模压的银店字号清晰可辨

麒麟送子纹银质挂件

（主件高7厘米，贺今收藏）

童子坐在麒麟身上，造型夸张，富有张力，下坠果实银饰

左页图：各种麒麟送子纹银质挂件

（郝蕴琴、颜广仁、贺今收藏）

除长命锁、麒麟送子等挂件外,还有其他式样的银项饰,其形制多为银项链下坠各种造型的坠饰,坠饰的主题以传统吉祥纹样为主。

鸭纹银质挂件
(总长25.3厘米,主件宽3.2厘米,杭海收藏)
双面工,鸭子引颈上眺,身上錾刻羽纹,其下坠有花鸟纹银铃坠件,其上银链端处有蝉纹成对。鸭有科甲之兆,蝉有复育再生之意,花鸟有宜子之祥。该挂件形制虽小,但做工精细,寓意古雅,是一件饶有情趣的饰物

左页图:长命百岁、天仙送子纹银质挂件
(总长37.7厘米,主件高8厘米,杭海收藏)
双面工,由蝙蝠、古钱、元宝、寿桃、石榴等纹样组成,下坠花卉纹银铃,古钱一面镂錾"长命百岁"四字,一面镂錾"天仙送子"四字。工艺以镂空、錾刻为主,精工细作,玲珑剔透。该挂件保存完好,所有配饰均为原配,十分难得

第三章 项饰

贰叁玖

福字纹银质挂件

（总长35厘米，主件高6厘米，郝蕴琴、颜广仁收藏）

纹样由"福"字、牡丹、竹子组成，牡丹寓意富贵，竹子寓意平安，下坠果实铃铛，寓意多子。双面工，满錾珍珠地，錾工精湛

左页图：吉庆有余纹银质挂件

（总长25厘米，主件高4厘米，宽5厘米，郝蕴琴、颜广仁收藏）

挂件为三段，其上由磬石、双鱼纹组成，中坠狗、鸭、鸡三种坠饰，下坠钟形银铃。"磬""庆"同音，"鱼""余"相谐，寓意吉庆有余；狗有易养之意，鸭有科甲之兆，鸡为阳明之神

第三章 项饰

贰肆壹

鸳鸯纹银质挂件

(总长36厘米,主件高3.8厘米,宽6.4厘米,江南地区产品,郝蕴琴、颜广仁收藏)

双面錾刻鸳鸯成对,下坠果实纹银件。鸳鸯造型温柔敦厚。良工精錾,纤毫毕见

左页图:长命百岁纹银质挂件

(总长33厘米,主件高7厘米,郝蕴琴、颜广仁收藏)

双面工,镂空、錾刻双旗、古钱、元宝、花草等纹饰,正面錾刻"长命百岁"吉祥用语,下坠果实纹坠件。银质纯正,錾工精湛,造型周正,保存基本完好。双旗纹饰是民国年间的常用纹饰

妆匣遗珍

㉔㊹

猴抱桃纹小银件正背

（高2.3厘米，贺今收藏）

左页图：猴子寿桃纹银质挂件正背

（高5.5厘米，宽5.3厘米，郝蕴琴、颜广仁收藏）

双面工，正背相合，造型为猴子骑于桃上，双手捧桃。"猴"与"侯"音相谐，"侯"为中国古代的官爵之一。《礼记·王制第五》："王者之制禄爵，公侯伯子男，凡五等。"故猴子造型成为封侯的象征，吉祥图案中有封侯挂印、马上封侯、辈辈封侯等，皆以猴子的形象来表达

左页图：刘海戏金蟾纹银质挂件

（高7厘米，宽6厘米，郝蕴琴、颜广仁收藏）

双面工，造型为刘海脚踏三足金蟾，手舞长穗串钱，穗尾刻有"寿考""富贵"吉祥文字，左右有莲花、莲蓬等纹样。银链及坠饰已失。造型写实生动，刻画细腻入微。

刘海是五代宋初的道士，翟灏《通俗篇》记云："刘元英号海蟾子，广陵人，事燕王刘守光为相。一日有道人谒，索鸡子十枚、金钱十枚置几上，累卵如钱，如浮图，海蟾惊叹曰：'危哉。'道人曰：'人居荣乐之场，其危有甚如此者。'尽掷之而去。海蟾由是大悟，易服从道人历游名山，所至有遗迹。宋初于潭州寿宁观题诗，乃自写真于旁，此即今刘海撒金钱之说所托。"刘海戏蟾图明代已有，至清初已相当流行。刘海所戏金蟾为三足蟾，民间视之为稀罕之物。有意思的是，悟道出世的刘海在清代被演绎成勾钱散财的神仙，民间有"刘海戏金蟾，步步钓金钱"的俗语。旧时婚庆常贴此类画片，以图吉祥如意

民间荷包绣品

上沿为双狮绣球，其下为刘海戏金蟾。人物瑞兽造型稚气可爱，色彩艳丽夺目，体现出中国民间艺术所独有的吉祥喜庆的特征

第三章 项饰

㉔㊼㉗

银质别针也是女性常用的项饰之一。别针出现的时期较晚，现在所见的银质别针大都是清末、民国年间的物件。别针有别在头发上的，其作用相当于发卡，也有别在领口上的，如左页图所示。别针的形制各异，有的有坠饰，有的无坠饰，坠饰多为银链、银片、银铃等饰物，其中银链交错垂挂的品种为年份较晚的产品，如右图中的凤形别针。别针的纹样多为花草凤蝶、瑞兽珍禽等，民国以后几何纹样的别针增多，其形制多简练抽象，传统符号减少。别针和发卡一样，有许多是用其他银饰改制的，如帽花、银片等。事实上，银饰在使用过程中难免有损坏，加上时尚流行等原因，银饰改制是自然的事情，常有将完整的老银饰熔掉改打新款银饰的事情发生。不少银店里的老银件就是顾客将家传的老银件送到银店要求改成新款银饰时，由惜物、有眼光的老师傅保存下来的。

凤形银质别针
(总长7.7厘米，杭海收藏)
别针为金凤展翅造型，下面银链交错垂挂花叶形坠饰

左页图：**民国女子照片**
(杭海收藏)
照片中的女子梳刘海发式，戴银镶玉耳坠，领口有垂链别针，其上有后上的金黄颜色，可能是想表示别针是银镀金的吧

妆匣遗珍

贰伍零

蝶恋花纹银质别针
(宽7厘米,杭海收藏)
下坠五条银链,银链下坠有银铃,银铃上模压花草纹样

左页上图:"三多"纹银质别针
(高5.5厘米,宽7厘米,郝蕴琴、颜广仁收藏)
左右为佛手纹样,寓意多福,中间为石榴寿桃纹样,寓意多子多寿

左页下图:鱼戏莲纹银质烧蓝别针
(宽5厘米,杭海收藏)

第三章 项饰

金银质纽扣，自唐代起即为贵族服饰的组成部分。在古代，纽扣的形制有雄雌的象征，雄者为扣，雌者为纽，相合而成纽扣。明清之际，南方中上层社会妇女的日常衣领高约寸许，用一两个领扣。从明万历年间至清康熙年间，领扣流行用金银制作，清中期以后改为用绦子编的盘扣。明清之际的金银质纽扣存世较少，所见样式有童子组合、双蝶组合、祥云组合、双鱼组合、花卉组合等。

明代嵌宝石金纽扣

（北京昌平区十三陵定陵地宫出土，首都博物馆藏）

纽扣采用浇铸、錾刻、镶嵌法制成，有"福"字、双蝶戏花、元宝纹等，部分嵌有红宝石。

《金瓶梅》第十四回："只见潘金莲上穿了香色潞绸雁衔芦花样对衿袄儿，白绫竖领，妆花眉子，溜金蜂赶菊钮扣儿……""溜金蜂赶菊钮扣儿"即是蜂菊纹银镀金纽扣

第三章 项饰

左页图：《雍正妃行乐图》之一
明代妇女高领用金属纽扣，定陵和七妃子墓均有实物出土，《天水冰山录》有"金属扣"的记载。在《雍正妃行乐图》中还在领子上有所反映。清中期以后改为用绦子编的盘扣

祥云托日纹银质领扣

(高2.4厘米,宽5.3厘米,购自云南地区,杭海收藏)

祥云造型有明代特征,日有旋纹,形制古雅,格调脱俗

童子团花纹银质领扣

(高2.3厘米,宽4.3厘米,杭海收藏)

两童子拱花,花瓣为扣,花蕊为纽;童子神采飞扬,尤其开脸极佳,团花肥美,充满喜庆气氛。是银质领扣中的珍品

上图：银质烧蓝纽扣成对
（郝蕴琴、颜广仁收藏）

左图：清代仕女画
画中左边和中间的女子领扣及斜襟盘扣皆为丝缎编制而成，右边女子的领扣依然是金属质地，而其斜襟盘扣则形似上图实例

第三章 项饰

贰伍柒

妆匣遗珍

贰伍捌

团花银质扣
(直径2.8厘米,贺今收藏)

左页图:花卉纹银质烧蓝领扣
(高3.6厘米,宽6厘米,贺今收藏)

第三章 项饰

贰伍玖

第四章 手镯

攘袖见素手，皓腕约金环。
——曹植《美女篇》

手镯古称"环"或"钏"。汉·许慎《说文解字》："钏，臂环也。"《太平御览》卷七百一十八："环臂谓之钏。"《清稗类钞·服饰类》："钏，臂环也，俗谓之镯。""镯"本与首饰无关，原指古代军乐器，其形似小钟，《周礼·地官·鼓人》："以金镯节鼓。"说的是古代军中以鸣镯为击鼓的节奏。《宋书》卷二十二中也有以镯节鼓的描述："鸣镯振鼓铎，旌旗象虹霓。"明·陆容《菽园杂记》卷八："今人名臂环为镯，音浊，盖方言也。"但"镯"究竟何时用以指臂环尚不可知。宋·洪迈的志怪小说《夷坚志》是较早出现"手镯"一词的文献之一，其中有这样的描述："在日藏小儿手镯一双、妇人金耳环一对。"

"钏"一名则由来已久，史料中屡有记载。《南齐书》卷七："潘氏服御，极选珍宝……虎魄钏一只，直百七十万。"《隋书》卷八十二记载林邑婚俗："每有婚媾，令媒者赍金银钏、酒二壶、鱼数头至女家。"《宋史》卷六十五："琉璃钗钏有流离之兆，亦服妖也，后连年有流徙之厄。"钏的形制为圆

商代金质臂钏成对
（北京平谷区刘家河村商墓出土，首都博物馆藏）
此臂钏用直径0.4厘米的金条弯成环形，两端锤锻成扇形，形制简约，表面光素

第四章 手镯

左页图：唐·阎立本《步辇图》局部
画中侍女前臂所戴圈状饰物即为臂钏。金银质圈状臂钏曾流行于唐代，在明代出土的金银首饰中依然可见其踪迹

妆匣遗珍

(贰陆肆)

圈状，可套于手腕或手臂处。《全唐诗话》卷一《文宗》记载："又一日，问宰臣：'古诗云："轻衫衬跳脱。"跳脱是何物？'宰臣未对。上曰：'即今之腕钏也。'""腕钏"即后世所谓手镯，又称"跳脱"。钏随佩戴的位置不同而有不同的称呼，戴在手腕处称为"腕钏"，戴在手臂处称为"臂钏"或"臂环"。唐·元稹《相和歌辞·估客乐》诗："输石打臂钏，糯米炊项璎。"五代·牛峤《女冠子》诗："额黄侵腻发，臂钏透红纱。"钏的佩戴方式可以是左右成对，也可以是单只佩戴，或一只手戴几个甚至十几个，或以金银条盘旋组合成筒状臂钏。这类臂钏曾流行于唐代，阎立本的《步辇图》及周昉的《簪花仕女图》中均可见其样式，在出土的宋、元、明代金银首饰中依然可见其踪迹。直到今天，这样的筒状臂钏仍然遗存于黔东南少数民族地区。在20世纪30年代的女性照片中我们也常见到戴在手臂处的臂环的实例，有金银器，也有串珠等。

　　古时手镯男女通用，后来逐渐衍化为女性独有的饰物。新石器时代出土的手镯多玉石器，在良渚文化、大汶口文化、红山文化等诸多新石器时代的遗址中皆发现有工艺成熟、制作精美的玉石质手镯。金属质手镯早在商周时期即已出现，但普遍使用则晚至两汉，其中西汉以铜质手镯为主，东汉至魏

元代金钏
（直径6厘米，钏体宽4.5厘米，江苏无锡南郊钱裕墓出土，江苏省无锡市博物馆藏）

第四章　手镯

左页上图：**青铜筒状臂饰**
（吉林榆树大坡老河深56号墓出土）
以九个手镯组合成长筒状臂饰
左页下图：**明代金质臂钏**
（北京右安门外明墓出土，首都博物馆藏）
将金条锤打成长扁片，再盘成螺旋状，两端渐细，并以金丝缠绕

战国玉镯
(湖北随县曾侯乙墓出土)
外方内圆，外缘浅雕云纹

新石器时代龙首玉镯
(浙江余杭良渚遗址出土)
内径平滑呈圆形，外缘浮雕浅刻龙首纹

晋时期盛行银质手镯。隋唐时期，金银手镯的使用更为普遍，杜甫《喜闻官军已临贼境二十韵》中有"家家卖钗钏，只待献春醪"的诗句，可想钗钏的普遍。即便最离乱的世道，一般的百姓人家还是存有几件金银首饰，以备不时之需，是所谓"囊虚把钗钏，米尽坼花钿"。唐诗中也常以佩戴金银钏的妇女为吟哦对象，如刘禹锡《杂曲歌辞·竹枝词》："银钏金钗来负水，长刀短笠去烧畲。"徐延寿《南州行》："金钏越溪女，罗衣胡粉香。"白居易《盐商妇》："绿鬟富去金钗多，皓腕肥来银钏窄。"一个有意思的发现是，唐诗中咏及钏时，常与声响联系在一起，如李世民《采芙蓉》："莲稀钏声断，水广棹歌长。"徐贤妃《赋得北方有佳人》："腕摇金钏响，步转玉环鸣。"李世民《咏琵琶》："驶弹风响急，缓曲钏声迟。"李百药《寄杨公》："高阁浮香出，长廊宝钏鸣。"陈述《叹美人照镜》："衫分两处色，钏响一边声。"其原因在

左页图：清代仕女画
玉镯的历史源远流长，一直是中国历代妇女最喜爱的首饰之一。画中女子双鬟簪花，手戴玉镯，左边的女子衣襟上佩有玉质串珠，手上戴的是嵌宝金镯。三女子凭栏远眺，仪态娴静温婉

第四章 手镯

唐代金镶玉手镯成对
(陕西西安何家村窖藏出土,曾发表于《北周京畿隋唐玉器》)
形制为以金合页将三段弧形白玉连缀成环状手镯,合页以金钉贯插固定,其中一枚销钉可随意插取,以便开合,合页两端金片为虎头纹,白玉起棱,设计合理,形制富丽大方,做工精绝

唐代嵌珠金质手镯

(陕西西安隋李静训墓出土,曾发表于《北周京畿隋唐玉器》)

镯体呈椭圆形,分为四节,间以嵌珠,两端有合页,端首花形扣钮,嵌以小珠,可任意开合

于唐时钏的形制多为金银条盘旋组合成筒状,在摇动手腕或挥动手臂时,金银条之间彼此碰撞或摩擦,从而发出轻柔悦耳的声响,增加了女性动态的韵致。对钏环细微声响的关注,显示出中国文学所特有的精致品位。手镯的金银工艺到隋唐时期已相当成熟,这一时期的手镯形制华丽,结构复杂,出土实物中有金、银、金镶玉、银镶玉等品种。一个突出的特点是,这类手镯多配有合页铰钮,可随意开合,其代表作为陕西西安隋代李静训墓出土的金手镯,以及陕西西安何家村出土的唐代金镶玉手镯。宋·沈括《梦溪笔谈》卷十九:"予曾见一玉臂钗(钏),两头施转关,可以屈伸,合之令圆,仅于无缝,为九龙绕之,功侔鬼神。"沈括记载的当为此类金镶玉手镯。另一种流行于唐代的手镯,用柳叶形金银片弯成,两端渐细部分缠绕以金银丝,并留有圈眼,用金银圈穿过圈眼而将两端连接起来。出土物中这类手镯屡有发现,其中有的未弯成圆圈状,呈长条柳叶形,常让人误以为是另一种不知名的饰物。宋元辽金时期金银手镯的形制多为中间宽,两端渐窄,表面起棱,或凸錾各式纹样。汉地工艺以模压锤锻为主;而北方少数民族地区除模压锤锻工艺外,也时常采用模范浇铸工艺,镯体中间錾花,两端多为兽头、龙首纹。这类手镯形制粗犷,手感厚重。

唐代柳叶形金质手镯

(陕西西安何家村窖藏出土,陕西历史博物馆藏)

手镯用柳叶形金片弯成,两端渐细部分以金丝缠绕,并留有圈眼,用金圈穿过圈眼可将两端连接起来

第四章 手镯

贰陆玖

妆匣遗珍

贰柒零

辽代银质手镯成对
(北京石景山区八宝山辽墓出土，首都博物馆藏)
范铸成型，镯面中间宽，两端渐窄，表面錾刻西番莲、宝相花、卷草纹等纹饰

金代金质手镯
（陕西临潼北河村窖藏出土）
片状镯体，两端左右绞绕，可调节手镯大小

当时还有一种条形手镯也颇为流行，其形制为：用银条弯成圆圈，圈成一圈后，两端左右绞绕，可拉伸、调节圈的大小。这种形制的手镯一直流传至民国年间，未有太大改变。

明代是金银工艺的黄金时期，但明初金银材质的运用有严格的等级之分。《明史》卷六十六中记载："皇后常服：洪武三年定……首饰、钏镯用金玉、珠宝、翡翠。"一品命妇"镯钏皆用金"……五品命妇"镯钏皆用银镀金"，六品命妇"镯钏皆用银"，一般平民则只能用银，庶人冠服，"首饰、钗、镯不许用金玉、珠翠，止用银"。明清以后，银手镯成为广大妇女及孩童最常用的首饰之一。在明清通俗小说中，对金银手镯的描写屡见不鲜。如《金瓶梅》第九十回："向雪娥名下追出金挑心一件，银镯一付，金钮五付，银簪四对，碎银一包。"第四十三回描述官哥儿的打扮："胸前项牌符索，手上小金镯儿。"《红楼梦》第五十二回："平儿道：'究竟这镯子能多少重，原是二奶奶说的，这叫做"虾须镯"，倒是这颗珠子还罢了。'"《红楼梦》第七十七回："两三句话时晴雯才哭出来，宝玉拉着他的手，只觉瘦如枯柴。腕上犹戴着四个银镯……"这一时期"钏"大都改用俗称"镯"，只是言及臂环时仍以钏名之。如《浮生六记》卷一《闺房记乐》："笑指臂上翡翠钏曰：

宋代银质手镯
（四川成都双流南宋墓出土）
以银条弯成圆圈，两端左右绞绕，可拉伸、调节圈的大小。同时出土的还有同样形制的银项圈

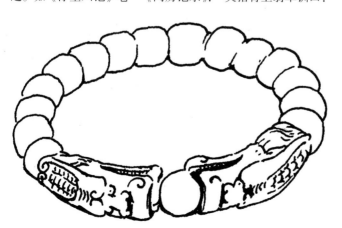

元代龙首金质手镯
（江苏苏州盘门外关门桥元墓出土）
两端龙首衔珠，镯体连珠纹，形制粗犷，刻画精美，范铸錾刻工艺

第四章 手镯

贰柒壹

妆匣遗珍

贰柒贰

明·唐寅《吹箫仕女图》局部
画中女子戴嵌宝金镯，精致富丽

明代《千秋绝艳图卷》局部
画中女子戴金镯，金镯边起双棱，中间錾刻纹样

'若见此钏属于憨，事必谐矣，顷已吐意，未深结其心也。'"而出现在小说中的"钏"字则多与女性名字相关，如《金瓶梅》中的"韩金钏""韩玉钏"，《红楼梦》中的"金钏""玉钏"等。

明清时期妇女银饰的一个重要特征是其纹饰的丰富多彩及吉祥寓意，特别是入清以后，流行以谐音讨吉利的纹样装饰，并运用于各类日常用品的设计与装饰之中。如童子与莲花的纹样，谐音为"连生贵子"；喜鹊梅花的纹样，谐音为"喜上眉梢"；猴子骑马的纹样，谐音为"马上封侯"……所谓"有图必有意，有意必吉祥"。

银质手镯的装饰题材大致可分为祥禽瑞兽、花卉果木、人物神仙等，其中以花草纹样最为普遍，常见的有牡丹、莲花、梅花、菊花、竹、灵芝、石榴、桃、佛手、葡萄、葫芦、卷草纹、宝相花等；祥禽瑞兽有龙、凤、鸟、十二生肖、狮子、松鼠、蝙蝠等，以松鼠葡萄最为常见；人物题材的手镯相对较少，见过的有童子莲花、八仙、福禄寿三星、和合二仙、刀马人物以及戏曲故事，如《西厢记》《梁山伯与祝英台》《拾玉镯》《打金枝》等。

除此以外还有暗八仙、八吉祥、八宝、琴棋书画、文房

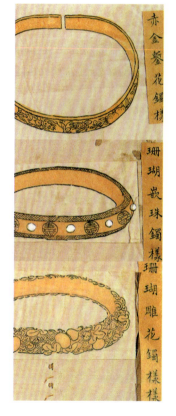

清宫各式手镯设计图样
（故宫博物院藏）
从上至下依次为"赤金錾花镯样""珊瑚嵌珠镯样""珊瑚雕花镯样"

妆匣遗珍

貳柒肆

龙首纹铜质儿童手镯
（中孔最宽处4.9厘米，贺今收藏）
镯体扁圆开口，两端龙首纹，形制古雅

四宝、吉祥文字、吉祥符号等内容。民国以后，以龙、凤、喜福寿纹样做装饰的手镯最为常见，但纹样多呆板匠气，模范多刻板僵硬。

明清时期的银质手镯风格各异，工艺多样，其基本形制一般分为开口型与封闭型两大类。

（一）开口型。此类手镯可细分为圆形开口与扁圆形开口：

圆形开口的有素面或素面起棱的简约品种，也有模压、錾花、镂刻、焊接、累丝、范铸等组合工艺制成的繁复品种。宋元时期常见的镯面中间宽、两端渐窄的开口型品种依然存在，只是纹样与形制变得相对纤巧、轻薄。

扁圆形开口的形制与圆形开口的基本相似，只是其端口常有对称的方形或长方形装饰。民国时期这类手镯在北方非常普遍，其端口常饰以"福""寿"字纹样。

（二）封闭型。此类手镯可分为圆箍型与卡口型：

圆箍型指手镯接头焊死，原是根据顾客手的大小定制的，现在买来后，若手大则伸不进去，若手小则易脱落。

卡口型一般由两个半圆组成，一端以合页相连，另一端设有各类卡口装置，可任意开启与闭合，有的卡口两端以银链

左页上图：开口型竹节纹银质烧蓝手镯
（直径约6.2厘米，郝蕴琴、颜广仁收藏）
银条圈圆，两端烧蓝竹节纹，形制清新素洁

左页下图：卡口型花卉纹银质手镯
（直径约6厘米，郝蕴琴、颜广仁收藏）
手镯分为两个半圆，以合页连接，端口处设有弹性卡舌，可开合。镯体以双股银条为骨架，焊接花形银饰片，后半部饰以竹节纹

开口型连珠纹银质手镯
（直径6.5厘米，镯体最宽处1.8厘米，郝蕴琴、颜广仁收藏）
端首兽头纹，镯体中间宽、两端渐窄，模压、锤锻连珠纹。形制高古，做工粗略，有宋元遗风，应为少数民族地区的产品

第四章 手镯

贰柒伍

八宝纹银质手镯成对

（直径最宽处8.3厘米，贺今收藏）

手镯扁圆形开口，截面为圆形，中空。模压、镂刻八宝纹样，两端饰以"寿"字纹样。八宝又名八吉祥，是佛教传说中的宝物，由法螺、法轮、宝伞、白盖、莲花、宝瓶、金鱼、盘长八件宝物组成。法螺象征法音广被；法轮象征佛法圆转；宝伞象征张弛自如；白盖象征加被大千世界，众生解脱；莲花象征出淤泥而不染；宝瓶象征福智圆满；金鱼象征坚固活泼；盘长象征回贯一切，绵延无尽。在民间八宝被视为吉祥之兆，在传统吉祥纹样中应用极为广泛。该手镯纹饰优雅饱满，形制玲珑剔透，银质纯正，做工细腻精湛。镂空饰品易损坏，该手镯成对保存至今，殊为难得

相连。这类手镯往往工艺复杂,构思巧妙。

从手镯镯体来看,常见的有三类:

(一)单片模压錾花。其宽度一般在1至3厘米左右,厚薄各异。厚者多采用錾刻、铲地甚至范铸工艺,薄者则以模压、锤锻工艺为主。纹饰方面,镯体较宽的品种(3厘米左右)一般纹饰比较复杂,南方地区许多人物故事纹手镯都是这种形制;而镯体较窄的品种(1厘米左右)则多以简单的花卉卷草纹、福寿纹、几何纹等为主。

(二)用银条编排穿插构成基本骨架,再焊接上其他银饰。繁复多层次,工艺极为讲究,许多银镯精品都是这种形制;也有纯以几根银条绞丝而成麻花状的样式。这类式样的手镯往往含银量较高,盖简单则强调质素之美。

(三)手镯截面为圆形或扁圆形,有实心的、也有中空的,有的还内装银砂,晃动时沙沙作响,饶有风趣。从工艺上讲,实心的品种多施以范铸、錾工,而中空的品种则工艺变化

花卉如意纹银质手镯
(直径6.8厘米,杭海收藏)
镯体用银条编排穿插构成基本骨架,再焊接上花叶、如意、万字纹饰片。手镯一端有合页,另一端设卡口,可任意开合。形制精巧,做工精湛,唯银质不纯

圆形开口花卉福寿纹银质手镯成对
(直径7厘米,杭海收藏)
镯体片状,錾刻花草及"福""寿"字纹样

第四章 手镯

贰柒柒

妆匣遗珍

贰柒捌

较多，常见的有模压、锤锻、錾刻、镂空、烧蓝、镀金、焊接、累丝等。

除手镯以外，还有手链的形式。手链以银链为基本形式，坠以各种银饰件或其他饰物。现存世的银手链大都是民国以后的物件，其中以儿童手链居多，所坠饰物有小鞋、官印、猴子、狮子、虎头、果实等，其寓意皆与祈福禳灾、祈子延寿、趋吉避凶等相关联。其形制多样、小巧可爱，寄托着家长对孩子的爱与希望。

手镯与戒指一样，由于其实用性而为人争相收藏，手镯的仿造也因此增多。最难分辨的一种是用老模新压的方式做成的仿旧之物，从外形到磨损程度、到字号无不惟妙惟肖，非仔细甄别不能辨识。这类手镯题材多为松鼠葡萄，字号常是"河南开封"字样。

花卉纹银质手镯
（直径约6厘米，民国时期产品，杭海收藏）
手镯开口处为椭圆形银饰件，表面錾刻花卉纹，镯体焊接连续菱形饰片

第四章　手镯

贰柒玖

左页上图：**双旗纹银质手链**
（链长20厘米，民国时期产品，杭海收藏）
花形银片正背模压双旗纹样以及"中华民国"字样
左页下图：**儿童银质手链**
（郝蕴琴、颜广仁收藏）
坠饰有官印、猴子、童子、斗、倒马等。官印下镂刻孔钱纹，寓意升官发财；猴子寓意封侯；童子有宜子之祥；马倒谐音"马到（成功）"

清代《秦淮八艳图》中戴手镯的女子
(道光十八年金陵版)

右页图：开口型花卉纹银质手镯成对
(直径约6.2厘米，郝蕴琴、颜广仁收藏)
镯体片状，錾刻花草纹样，左右端口有对称的圆形镂空纹样。造型简约，小巧玲珑，做工精细

第四章 手镯

贰捌壹

妆匣遗珍

牡丹纹银质手镯成对
(直径4.5厘米,杭海收藏)
圆形开口,端口处模压牡丹纹及形似外文字母的符号,这种符号在民国年间的银饰中时有发现,但具体是什么,表达何意,则不清楚

左上图及左下图：天下文明银质手镯成对

（直径约6厘米，郝蕴琴、颜广仁收藏）

两端錾刻"天下文明"四字，中间部分錾刻花卉纹样

右上图：花卉纹银质手镯成对

（直径6.2厘米，郝蕴琴、颜广仁收藏）

镯体两侧起棱线，中间錾刻花卉纹

右下图：回纹、花卉纹银质手镯成对

（直径6.5厘米，郝蕴琴、颜广仁收藏）

镯体模压回纹、花纹及卷草纹

第四章　手镯

左页图：《雍正妃行乐图》之一
画中女子戴片状环形金手镯

人物故事杂宝纹银质手镯
（直径约6.5厘米，镯体宽2.3厘米，郝蕴琴、颜广仁收藏）形制为圆片形开口，两端模压、锤锻人物故事纹样。造型古雅生动，脸部磨损自然，左右端首有孔，疑为系银链所用。镯体中部模压、锤锻杂宝纹样，左右侧錾刻卷云纹、菱纹。该手镯纹饰层次分明，繁复华丽，银质纯正，保存良好，是开口型银镯中的精品

第四章　手镯

贰捌伍

妆匣遗珍

贰捌陆

左右页图：**人物花卉纹银质手镯**
（直径6.6厘米，镯体宽2.5厘米，贺今收藏）

形制为圆片形开口，表面模压、錾刻人物故事、花卉纹、回纹等纹样，两端为戏曲人物故事，中间为二老弈棋，左右为梅菊纹。银片较厚，人物纹铲地很高，有很强的浮雕效果。该手镯购自湖南地区，是南方银质手镯中的精品

第四章 手镯

贰捌柒

竹节纹银质手镯成对
(直径约6.8厘米,郝蕴琴、颜广仁收藏)
实心手镯,形制扁圆,两端竹节造型,竹节上刻画双细线,转折处精錾卷草纹。造型简约,手法精练,是一件形意俱佳、格调脱俗的银饰精品

左上图：花卉果实纹银质手镯成对
左中图：花卉纹银质手镯
左下图：银条绞丝手镯
右上图：石榴花叶纹银质手镯成对
右中图：葫芦纹银质手镯成对
右下图：竹节纹银质手镯成对
（本页图中各式手镯均由郝蕴琴、颜广仁收藏）

第四章 手镯

妆匣遗珍

贰玖零

清末妇女儿童照片
(金伯宏收藏)
照片中的妇女、儿童均戴手镯

左上图：双股几何纹银质手镯成对
（直径约7厘米，杭海收藏）
左下图：双股几何花卉纹银质手镯成对
（直径约7厘米，郝蕴琴、颜广仁收藏）

右图：牡丹纹银质手镯成对
（直径约6.9厘米，郝蕴琴、颜广仁收藏）
开口型手镯，截面中空，表面錾刻牡丹花草纹样

第四章 手镯

贰玖壹

左右页图：人物杂宝纹银质手镯
（直径7.9厘米，贺今收藏）
镯体圆形开口，中空。缘径银丝镶边，表面模压、錾刻开光人物故事及杂宝、花卉纹。纹饰繁复，布局合理，是一件形意俱佳、工料皆精的清代银质手镯

第四章 手镯

贰玖叁

清末妇女照片

（故宫博物院藏）

众女子均梳刘海发式，以素洁为尚，服装样式：左一、中、右一着镶绲花边氅衣，左二、右二着汉装常服，脚下金莲，当为汉族妇女。咸丰、同治年间，京城贵族妇女衣饰以镶绲花边为时尚，所镶花边越来越多，有"十八镶"之称。此风尚一直流行至民国未有衰退。照片中的女子均戴手镯，一只至数只不等，可见手镯佩戴的数量并无定制，较为随意

莲花纹银质手镯成对

(直径约6.1厘米,郝蕴琴、颜广仁收藏)

手镯中空,由两个半圆组成,一端以合页相连,另一端设有卡口装置,可开合。镯体模压莲花纹、菱纹、斜线纹等

第四章 手镯

藤制银镯成对

（直径6.5厘米，镯体宽1.3厘米，郝蕴琴、颜广仁收藏）

双藤条圈圆为镯，其上半裹银片，模压、锤锻福寿花卉纹，藤圈之间嵌银丝，藤圈后半部以三个花形银片固定。藤质手感温润，银饰寒光内敛，二者相衔比照，是极有韵致的设计。藤制手镯在清代极为常见，清·魏秀仁《花月痕》第二十八回："无心中将应袍袖一展，却露出一支风藤镯，痴珠认是自己给秋痕的，怎的落在同秀手里？"清·林苏门《邗江三百吟》卷六中有"藤响镯"的记载："紫藤圈圆为镯，金银镶之，不响而曰'响'，以妇女两手不止，藤镯附之，而成声也。""藤响镯"的形制当与左图相似，为何叫"藤响镯"，因其文字过于简略，难以明晓。故宫博物院所藏后妃用手镯中也有藤制金镯的品种

右页图：清代仕女画

画中女子发后簪茉莉花围，耳下连环耳坠，所戴手镯似为藤制，正在穿针引线缝制金莲

福寿纹银质手镯

(直径5.8厘米,贺今收藏)

卡口设计,接头处錾刻梅花纹样,有银链相接。卡舌缀梅花一朵,颇具匠心,镯体模压、錾刻蝙蝠、几何纹

人物纹银质手镯成对

(直径6.2厘米,杭海收藏)

卡口设计,镯体模压、镂刻八个人物,接头处錾刻竹叶纹,有银链相接

妆匣遗珍

叁零零

上图：卡口型梅菊纹银质手镯成对
（直径约6厘米，镯体宽1.5厘米，郝蕴琴、颜广仁收藏）
卡舌弹性设计，掩饰以梅花形状，十分巧妙。镯体前部以银条为骨架，焊接梅花形饰片，后部镂刻菊花纹。形制富丽，做工精巧

下图：卡口型花果纹银质手镯成对
（直径约6厘米，镯体宽1.5厘米，郝蕴琴、颜广仁收藏）
镯体以银条为骨架，焊接花卉、果实纹饰片，一端以合页连接，一端设有卡口，可开合

左页图：卡口型花卉纹银质手镯
（直径6.5厘米，杭海收藏）
手镯由两个半圆组成，一端连以合页，一端设计有螺丝卡口，旋转螺丝即可开合，是较少见的卡口设计，两端口以银链相连。镯体前部模压、镂刻花卉纹，后部镂刻古钱纹、双蝠纹。该手镯设计巧妙，做工精美，保存完好无缺，十分难得

第四章 手镯

叁零壹

松鼠葡萄纹银质手镯成对

（直径约6厘米，杭海收藏）

银丝绕银条做镯体框架，前半部焊接松鼠葡萄纹银片，纹饰生动活泼，刻画细腻；后半部有连续菱纹，内侧有"山西天聚""金店""纹银"等字样，字体清晰自然。接头处卡口设计，做工精湛，银质纯正，保存完好。卡口至今仍开合自如，是传世的清代银镯精品

花卉卷草纹镂空银质手镯

(直径约6.5厘米，杭海收藏)

镯体扁圆形，一端以合页相连，另一端设有卡口，可开合。镯体镂空，银丝勾边，表面焊接花卉卷草纹银片，内侧有长条形开口，有散热去湿之功。该手镯形制厚重，花纹錾刻精美，是过眼北方银镯中难得一见的精品

第四章 手镯

妆匣遗珍

儿童银质手镯

(郝蕴琴、颜广仁收藏)

银条圈圆,两端左右绞绕,可拉伸、调节手镯的大小。手镯上坠有官印、银锁、寿桃、银铃等坠饰,其寓意皆与祈福禳灾、祈子延寿、趋吉避凶等相关联。如官印寓意做官,银锁寓意拴住,寿桃寓意长命百岁等

左页图:宋代《婴戏图》
画中儿童均佩戴手镯

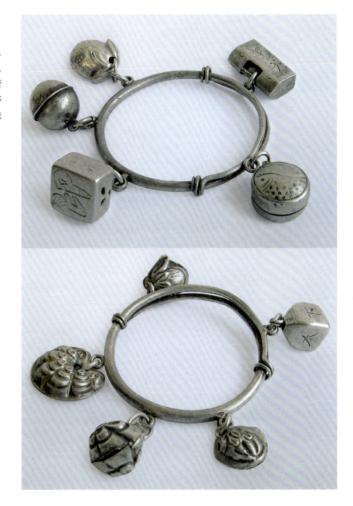

第四章 手镯

妆匣遗珍

叁零陆

牡丹卷草纹儿童银质手镯
(直径约5厘米，杭海收藏)
扁圆形开口，模压、镂刻牡丹卷草纹，端首饰有团寿纹样，形制小巧，工艺精湛

左页图：儿童银质手镯
(直径约4.3厘米，郝蕴琴、颜广仁收藏)
开口型手镯，下坠寿桃、官印坠饰

第四章 手镯

上图：儿童手链饰件
（郝蕴琴、颜广仁收藏）
手链已失，仅存银饰件，有果实、倒马等，造型稚气可爱

下图：串珠儿童手链成对
（郝蕴琴、颜广仁收藏）
手链由串珠构成，坠有铃铛、米斗、绣鞋、瓜果等银饰件，形制小巧，银红相间，活泼喜庆

串珠儿童手链成对

(郝蕴琴、颜广仁收藏)

手链由串珠构成,坠有虎头、瓜果等银饰件,其中一件施以烧蓝。手链形制小巧,色彩艳丽

第四章 手镯

儿童银质手链四只
（郝蕴琴、颜广仁收藏）
银链上坠有花生、葫芦（葫芦中藏有三足金蟾一只，十分有趣）、玉兔、米斗、小狗、水桶等银饰件。手链形制小巧，做工精美，保存基本完好

儿童手链银质烧蓝饰件

(郝蕴琴、颜广仁收藏)

手链已失,仅存银质烧蓝饰件,有寿桃、官印、果实等。烧蓝年久斑驳,古意盎然

第五章 戒指

星纹银质戒指
(民国时期产品,杭海收藏)

欲呈纤纤手,从郎索指环。
——隋·丁六娘《十索诗》

戒指是套在手指上的环状饰物,古称"约指""指环"。后汉·繁钦《定情诗》有:"何以致殷勤,约指一双银。"《宋书》卷九十七:"奉献金刚指环、摩勒金环诸宝物,赤白鹦鹉各一头。"唐·常理《妾薄命》:"娇小恣所爱,误人金指环。"宋·文同《秦王卷衣》:"闲弄玉指环,轻冰扼红牙。"宋《太平广记》卷三百三十九:"崔亦赢玉指环二枚。"明以后的文献中才出现"戒指"一词,如顾起元《客座赘语·女饰》有:"金玉追炼约于指间,曰戒指。"赵尔巽《清史稿》卷五百一十:"脱戒指付老仆,嘱持书报小梅,书曰:'……寄戒指一枚,见此如见妾。'"

戒指一词虽出现较晚,然"戒"字却反映了指环曾有的"避忌"古意。宋《太平御览》卷七百一十八:"《女史书》曰:'授其环以进退之,有娠则以金环退之,当御者以银环进之。进者着于左手,阳也,以当就男,故着于左手,右手阴也,既御而复故。此女史之职。'"说的是在古代被皇帝选中"御幸"的嫔妃,以左手戴银指环为记,而有孕在身的嫔妃以右手

杂宝纹银质戒指
(郝蕴琴、颜广仁收藏)

第五章 戒指

叁壹伍

左页图:清代妇女传世照片
(金伯宏收藏)
照片中的女子每只手上都戴有数枚戒指。不知照片中的女子是何身份,戒指的佩戴位置与数量似乎较为随意

黛玉葬花纹银镀金戒指
(杭海收藏)

戴金指环加以避忌,可见指环曾有提示、避忌的古意。

　　汉以后,指环多作为定情下聘、谈婚论嫁的信物。后汉·繁钦《定情诗》:"何以致殷勤,约指一双银。"说的是汉代青年男女之间互赠银指环以示爱慕之情。

　　《晋书》卷九十七:"其俗娶妇先以金同心指环为聘。""金同心指环"是指铜镀金戒指。汉族婚嫁时,新人常佩戴铜镀金首饰,铜心谐音"同心",寓意夫妻同心,白头偕老。

　　《南史》卷十二:"而武帝镇樊城,尝登楼以望,见汉滨五采如龙,下有女子擘绕,则贵嫔也。……帝赠以金环,纳之,时年十四。"这是以戒指作为婚定象征的有趣例证。

　　《北史》卷十九:"初发梁,睹其爱妹玉儿,以金指环与别,树常着之,寄以还梁,表必还之意。"以"环"谐"还"音,期盼回归之意,可见以谐音讨吉利的风俗由来已久。

　　《太平广记》卷三百四十记载,书生李章武与华州王氏相悦而私,临别时,李章武赠王氏交颈鸳鸯绮,并赠诗:"鸳鸯绮,知结几千丝。别后寻交颈,应伤未别时。"王氏则答以白玉指环,并回赠诗:"捻指环,相思见环重相忆。愿君永持玩,循环无终极。"以指环之"环"寓意循环无极,情意绵长。

　　明朝以后,指环大都改称"戒指"或"手记""代指"

第五章 戒指

叁壹柒

右图:人物纹银质烧蓝戒指
(杭海收藏)

左页图:人物纹银质烧蓝戒指
(杭海收藏)
男子倾身探询,女子水袖掩面,中间莲花。"莲""连"谐音,寓意男女相合,连生贵子

妆匣遗珍

明代《环翠堂乐府西厢记》插图
（万历版，上海市图书馆藏）
红娘牵线，张生越墙私会莺莺。"待月西厢下，迎风户半开。隔墙花影动，疑是玉人来。"（《西厢记》第三本第二折）

等。明·刘元卿《贤奕编》："今之戒指，又云手记。"

在明清通俗小说中更不乏男女幽会，以戒指表情达意的有趣例子。明·冯梦龙《喻世明言》卷四："小姐想起夜来音韵标格，一时间春心摇动，便将手指上一个金镶宝石戒指儿，褪将下来，付与碧云，分付道：'你替我将这件物事，寄与阮三郎，将带他来见我一见，万不妨事。'"阮三郎收到戒指以后，魂不守舍，朝思暮想，以至于相思日久，恹恹成病。又如《醒世恒言》卷二十八："潘生魂不附体，遂将金戒指二枚、玉簪一只，嘱付童儿，觑空致意此女，恳求幽会。"则又是一男女私会，以戒指为信物的例子。再如明·凌蒙初《二刻拍案惊奇》卷九中，素梅私会凤生，凤生赠以白玉蟾蜍，素梅则答以累金戒指，"素梅写着几字，手上除下一个累金戒指儿，答他玉蟾蜍之赠，叫龙香拿去"。"累金戒指儿"是指以累丝工艺制作的金戒指。

在古代中国，以戒指为爱情信物的历史源远流长，但并不独以戒指为凭，其他的如簪钗、手镯也是最常见的婚定之物；而西方婚定独以戒指为凭，在西学东渐的过程中，城市中的年轻一代逐渐接受了这一西式习俗，"今乃以为定婚之纪念品，则欧风所渐也"（徐珂《清稗类钞·服饰类》释"指环"）。

戏曲人物纹银质戒指
（郝蕴琴、颜广仁收藏）
纹样为一男子正越墙与一女子私会，构图形式及人物动态与左页图极为相似

花卉纹银质烧蓝戒指
(郝蕴琴、颜广仁收藏)

这一变化的发生时间应晚至清末到民国年间，并以城市人群为主。而在乡村，人们仍沿旧制，以繁复、隆重的彩礼形式定情下聘。

古代常见的指环材料有：骨、石、玉、铜、铁、金、银、珠宝等。骨、石、玉质的指环多见于新石器时代的古墓，骨质指环多以动物骨头为材料，而石质指环多为大理石与叶蜡石。随着青铜、金、银等金属材料的使用，骨、石质戒指日渐式微，而玉质指环却长盛不衰，至今仍是国人钟爱的饰物。青铜指环出现于商周，衰退于两汉，现出土的青铜指环大都为战国至两汉时期的产物。两汉至魏晋时期金银质的指环以及镀金指环开始流行。镀金指环称为"镀环"。《广韵》："环，指环也，以金镀之曰镀环。"镀环可分为铜镀金与银镀金。银质指环曾流行于魏晋时期，南北朝以后，随着金质指环的流行，银质指环的数量有所减少，而金质指环始终被视为最贵重的指环品种。

明初对金银材质的运用有严格的等级之分，一般平民妇女的首饰材料只能用银。《明史》卷六十七中记载："庶人冠服：洪武三年……首饰、钗、镯不许用金玉、珠翠，止用银。"白银虽为贵重金属，但与黄金相比，价格相对低廉，普通人家也能承受，白银又为当时的主要流通货币，材料易得，加之白

花鸟纹银质烧蓝戒指
(贺今收藏)

左页图：清代仕女油画
画中女子发后簪茉莉花围，耳饰烧蓝串珠耳环，左右手各戴两只手镯，右手执羽扇，右手中指所戴戒指与本页下图所示戒指形制相似

花卉纹银质戒指
(贺今收藏)

戒指上下缘有连珠纹，中间饰有花卉纹样。戒指表面曾烧蓝，现已脱落殆尽

第五章　戒指

活口型银质戒指　　　　　封闭型银质戒指　　　　　镶嵌型银托铜环戒指
（郝蕴琴、颜广仁收藏）　（郝蕴琴、颜广仁收藏）　（郝蕴琴、颜广仁收藏）

蝉纹银质戒指
（杭海收藏）
戒面錾刻蝉纹，形制简约优雅，为民国时期的产品

银性柔，易于加工，所以明清以后，银质戒指成为民间最常见的首饰之一。事实上，在古代中国用银锭、银元宝、银币等打制银饰的习俗曾广为流行，并一直延续到民国年间。一些银币藏家认为，不少中国古代银币品种的缺失与广泛的民间银首饰制作有一定的关系。20世纪80年代我在黔东南地区采风时，竟还见到以人民币硬币为材料打制银饰的奇异现象，估计是当地银匠误以为只要是硬币，多少都会含点银子吧。

现留存于民间的银质戒指大部分为清至民国年间的产品，其基本的制式可分为活口型、封闭型、镶嵌型三种：

活口型戒指最为普遍，活口是指指环接头相搭，不焊死，可根据手指的粗细调节宽窄。

封闭型是指指环封闭，不可调节。

镶嵌型是指以银质戒面镶嵌玉石珠宝的形制。

除此之外，银质戒指特有一种俗称"四连环"或"五连环"的样式，这种类型的戒指有四至五个银环，戒面曲折交错，环环相扣，一旦松散，则很难组装回去，所以平时须以丝线缠绕固定。

从外形上看，尽管银戒样式繁复多变，但主要有两大类型：

三个一组银质烧蓝戒指
（贺今收藏）

花卉纹银质戒指
（贺今收藏）
戒面铲地花卉纹，形制特别，做工精美

第五章　戒指

牡丹蟾蜍纹银质戒指
（郝蕴琴、颜广仁收藏）
指环形同妇女穿针纳线用的顶针箍，戒面略大于指环，其上模压、錾刻牡丹、蟾蜍纹。牡丹寓意富贵，蟾蜍寓意多子，是常见的吉祥纹样

花卉纹银质戒指
（杭海收藏）
戒面模压、錾刻花卉纹，满铺珍珠地。指环细长呈条状，是银质戒指中最常见的形状

一类是指环形同妇女穿针纳线用的顶针箍，戒面与指环等宽或略大于指环。

另一类是戒面较大，而指环细长呈条状；戒面形式多变，而指环则无太大变化。这一类的戒指数量最多，样式变化也最复杂。

银质戒指的工艺方法有模压、锤锻、錾刻、镂空、累丝、镶嵌、焊接、银镀金、烧蓝等。

从题材上看，最常见的依然是花卉果实纹样，如牡丹、莲花、梅花、桃花、芙蓉、竹、灵芝、石榴、桃、佛手、葡萄、葫芦、蔓草等，此外祥禽瑞兽、佛道神仙、戏曲故事、吉祥符号等也是常见的装饰题材。祥禽瑞兽常见的有凤、鸟、狮子、麒麟、龟、蛙、蟾蜍、松鼠、蝙蝠、蝴蝶、仙鹤、鹿、蜜蜂、鱼、蝉以及十二生肖等；佛道神仙常见的有佛主、观音、仙人、童子、八仙、福禄寿三星、和合二仙等；戏曲故事常见的有《西厢记》《白蛇传》《三娘教子》《打金枝》《梁山伯与祝英台》《拾玉镯》《断桥》以及各类刀马人物等；吉祥符号常见的有暗八仙、八吉祥、八宝、福禄寿喜等吉祥文字、文房四宝、琴棋书画，以及祥云、如意、古钱、曲水、江崖海水、龟背四艺等各种传统纹样。题材尽管种类繁多，但多是祈望福寿、禳灾祛病、喻意吉祥的传统故事或纹样。

四连环花卉纹银质戒指

（贺今收藏）

此三图为四连环戒指打散及组合好的样子

第五章 戒指

四连环梅花纹银质戒指

(贺今收藏)

由四个银环组成,戒面曲折交错,环环相扣,中间焊接梅花纹样。形制优雅脱俗,是四连环中常见的样式

第五章 戒指

左页图(从上至下):

四连环梅花纹银质戒指

(郝蕴琴、颜广仁收藏)

由四个银环组成,环环相扣,戒面焊接梅花纹样,花形饱满呈珍珠状,形制富丽优雅

四连环梅花蝴蝶纹银质戒指

(贺今收藏)

由四个银环组成,戒面曲折交错,环环相扣,中间焊接梅花蝴蝶纹样

四连环蝙蝠花卉纹银质烧蓝戒指
（杭海收藏）
由四个银环组成，环环相扣，指环呈条状，戒面中间为花卉纹样，两侧为蝙蝠纹样。形制清新，是四连环的一种变体

右页图（从上至下）：
四连环莲花童子佛手纹银质戒指
（贺今收藏）
童子合掌端坐于莲花之上，左右对称佛手纹，每个银环中间刻有细线
四连环莲花童子蝴蝶纹银质戒指
（杭海收藏）
双髻童子端坐于莲花之上，左右对称蝴蝶纹

第五章 戒指

叁贰玖

上图：**封闭型花卉纹银质戒指**
（郝蕴琴、颜广仁收藏）
指环封闭，不可调节。表面珍珠地，錾刻花卉纹，边缘双线起棱
中图：**封闭型几何花卉纹银质戒指**
（郝蕴琴、颜广仁收藏）
指环封闭，不可调节。表面錾刻几何纹，边缘双起连珠纹，形制厚重古拙
下图：**封闭型花卉纹银质戒指**
（郝蕴琴、颜广仁收藏）
指环封闭，不可调节。表面珍珠地，錾刻花卉纹，边缘双线起棱

开口型宝相花纹银质戒指
（贺今收藏）
形似顶针，表面錾刻宝相花纹样，形制
简约，錾工精湛

开口型古钱纹银质戒指
（贺今收藏）
外形凸出似鼓，表面镂刻古钱纹，外缘
錾刻回纹

第五章 戒指

宋代《晴春蝶戏图》

右页图：花卉蝴蝶纹银质戒指三枚
上图戒面模压、镂刻蝴蝶纹，银环表面模压、錾刻花卉纹，曾有烧蓝，脱落殆尽
（郝蕴琴、颜广仁收藏）
中图戒面模压、镂刻蝴蝶纹，银环表面模压、錾刻花卉纹
（贺今收藏）
下图戒面模压、镂刻蝴蝶纹，银环表面珍珠地，模压、錾刻花卉纹，外缘錾刻回纹
（贺今收藏）

第五章 戒指

㈢㈢㈢

团鹤纹银质戒指
（贺今收藏）
戒面模压、錾刻团鹤纹样，指环平素，形似顶针箍

松鼠葡萄纹银质戒指
（贺今收藏）
戒面模压、锤锻松鼠纹样，指环与戒面等宽，形似顶针箍，表面锤锻葡萄枝蔓，造型生动，做工精美

第五章 戒指

花卉纹银质烧蓝戒指

(郝蕴琴、颜广仁收藏)

瓶花纹银质戒指

(郝蕴琴、颜广仁收藏)

琴棋书画纹银质戒指

(郝蕴琴、颜广仁收藏)

戒面蝴蝶纹,指环表面模压、锤锻琴棋书画纹样

上图：狮纹银质戒指
（贺今收藏）
戒面模压、錾刻狮子纹样，造型稚气生动，银环表面模压花卉纹

下图：狮纹银质戒指
（贺今收藏）
戒面模压、镂刻狮子绣球纹样，造型生动，银环表面模压、锤锻卷草纹

右页图（从左至右）：
蝙蝠纹银质戒指
（郝蕴琴、颜广仁收藏）
银丝圈圆成指环，焊接蝙蝠纹样
狮纹银质戒指
（杭海收藏）
银丝圈圆成指环，焊接狮子纹样

第五章 戒指

牡丹纹银质戒指
(郝蕴琴、颜广仁收藏)
戒面鱼子地,模压、锤锻折枝牡丹纹样。造型富丽,构图饱满,做工精湛,保存完好

清代门楣木刻局部

纹样为缠枝牡丹,造型古朴典雅,布局疏朗有致,刀工流畅果断,手感温润柔顺。

明·文震亨《长物志》:"牡丹称花王,芍药称花相,俱花中贵裔。"民间把牡丹花称为"富贵花"

第五章 戒指

叁叁玖

妆匣遗珍

左页图（从上至下）：
花卉纹银质戒指
(郝蕴琴、颜广仁收藏)
花形写意，工艺铲地高起，手法率真豪放，四周精錾菱形几何纹样，是一件工艺独特的戒指
花鸟纹银质戒指
(郝蕴琴、颜广仁收藏)
戒面模压、錾刻花鸟纹，小鸟姿态生动，围以几何纹，指环上錾刻圆点，可用做顶针箍
花卉纹银质戒指
(郝蕴琴、颜广仁收藏)
戒面分三层，上下层镂空，中间模压、錾刻花卉纹样

花卉纹银质戒指
(郝蕴琴、颜广仁收藏)
表面锤锻、镂刻花卉纹，磨损自然，手感柔顺

牡丹纹银质戒指
(郝蕴琴、颜广仁收藏)
表面锤锻、錾刻牡丹纹，四角錾刻卷云纹。形制优雅，錾工流畅，是一件形意俱佳的戒指

第五章　戒指

各式花鸟纹银质戒指
（郝蕴琴、颜广仁、贺今收藏）
花鸟纹银质戒指中最常见的内容是喜鹊登梅，又名"喜上眉梢"，纹样为喜鹊立于梅枝梢头。"梅梢"与"眉梢"谐音，寓意人逢喜事或喜事来临

左页图：**宋代花鸟画**

第五章 戒指

妆匣遗珍

叁肆陆

各式花鸟纹银质戒指
（郝蕴琴、颜广仁、贺今收藏）

右页图：喜鹊登梅纹银质戒指两枚
（郝蕴琴、颜广仁、贺今收藏）

第五章 戒指

明代木刻版画中的松鼠造型

右页图：松鼠葡萄纹银质戒指两枚
（郝蕴琴、颜广仁、贺今收藏）
两枚戒指形制相似。葡萄多子，而鼠居十二生肖之首，即所谓"子鼠"，鼠的繁殖力极强，故民间常以松鼠葡萄来寓意多子

民窑青花加紫狮纹盘局部

狮子原名狻猊，为百兽之王，每一振发，虎豹折服。周朝官制以太师、太傅、太保为三公，少师、少傅、少保为三孤。太师、少师为公、孤之首，寓意隆盛，故旧时衙门前立有狮子一对。因此，狮子常象征官位荣达。
在佛教文化中，喻佛为狮，《大智度论》里称："佛为人中狮子，佛所坐处，若床若地，皆名狮子座。夫狮子，兽中独步，无畏，能伏一切。"所以狮子被认为具有辟邪祛魔的功用

左页图（从上至下）：
狮纹银质戒指
（郝蕴琴、颜广仁收藏）
模压、錾刻工艺，狮子造型极为生动
狮纹银质戒指
（郝蕴琴、颜广仁收藏）
模压、錾刻工艺，狮子造型憨态可掬

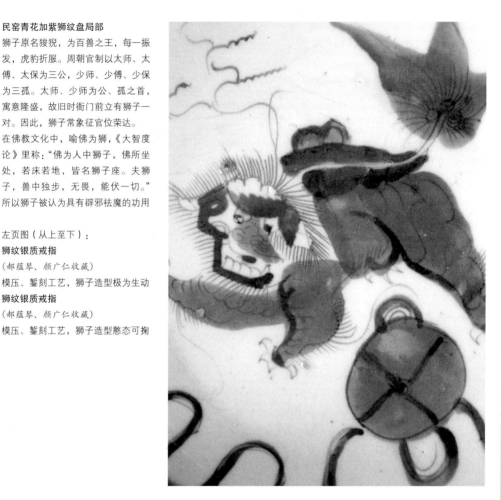

第五章　戒指

妆匣遗珍

叁伍贰

猴子摘桃纹银质戒指
(郝蕴琴、颜广仁收藏)
戒面模压、錾刻猴子摘桃纹样，四周几何纹，造型随意优雅。佩戴日久，表面自然磨损，光泽柔和。
猴是十二生肖之一，因"猴"与古代爵位公、侯、伯、子、男中的"侯"谐音，而成为加官晋爵的象征，桃子则象征长寿

左页图（从上至下）：
鱼戏莲纹银质戒指
(郝蕴琴、颜广仁收藏)
鱼与莲在传统吉祥图形中是生殖、多子的象征，鱼戏莲隐喻交合化育、生生不息。清代流行以谐音讨吉利的风俗，所以鱼与莲的组合又有"年年（莲）有余（鱼）"的喻意。"金鱼"谐音"金玉"，如金鱼在缸中，则象征金玉满堂。"鲤"谐音为"利"（鲤），有家家得利（鲤），渔翁得利（鲤）等吉祥图形

鸭纹银质戒指
(贺今收藏)
戒面精錾鸭子、莲花纹，鸭子与莲花图形为鸭子探莲或鸭戏荷塘等，有阴阳相合、繁衍生息的生殖古意

第五章 戒指

妆匣遗珍

叁伍肆

左页图（从上至下）：
荷叶蛙纹银质戒指
（杭海收藏）
荷叶蛙纹银质戒指
（杭海收藏）
指环由银丝组成，形似五连环戒指
蛙纹银质戒指
（贺今收藏）
蛙纹银质戒指
（杭海收藏）
纹样由蛙与蝴蝶组成，"蝶""耋"同音，耄耋义为长寿
蛙纹银质戒指
（贺今收藏）
纹样由蛙与蝙蝠组成，"蝠""福"同音，蝙蝠喻喜福降临。
蛙产多子，繁殖力强，上古时先民即以蛙为生殖崇拜的象征物，马家窑等文化遗址均出土过蛙纹陶器。银质戒指中，蛙的题材数量多，变化大，体现出人们对子孙繁衍生息、绵绵不绝的希冀

明代《唐诗画意》中的版画插图
内容为荷花与青蛙。青蛙趴在荷叶之上，是蛙纹戒指的常见造型

第五章　戒指

妆匣遗珍

㊉㊥㊄

坠银链蛙纹银质戒指
（郝蕴琴、颜广仁收藏）
戒面为荷叶蛙纹，形态肥美圆润，蛙前坠有银链坠饰，华丽典雅

左页图：各种形制的蛙纹银质戒指
（郝蕴琴、颜广仁收藏）
中间的一枚戒指纹样由鸟、蛙、蟾蜍组成。鸟象征男孩，蛙象征多子，三足蟾蜍象征富有

第五章 戒指

右页图：鹿纹银质戒指
（杭海收藏）
纹饰分为三段，上下为椭圆形连珠花纹，中间锤锻、镂刻鹿和花卉纹样，布局疏朗有致，纹饰造型古雅含蓄。鹿在民间传说中是长寿的仙兽，"鹿""禄"同音，故鹿又象征官俸

人物纹银质戒指
（杭海收藏）
纹样为羽人与莲花，两个人首鸟身的羽人列左右，中间是莲花

人物纹银质戒指
（贺今收藏）
纹样为童男童女，童女持拂尘，童男一手执莲，一手提篮

人物故事纹银质戒指三枚
（郝蕴琴、颜广仁收藏）

莲花童子纹银质戒指
(杭海收藏)
一童子执莲,两侧如意纹,造型古拙饱满

莲花童子纹银质戒指
(杭海收藏)

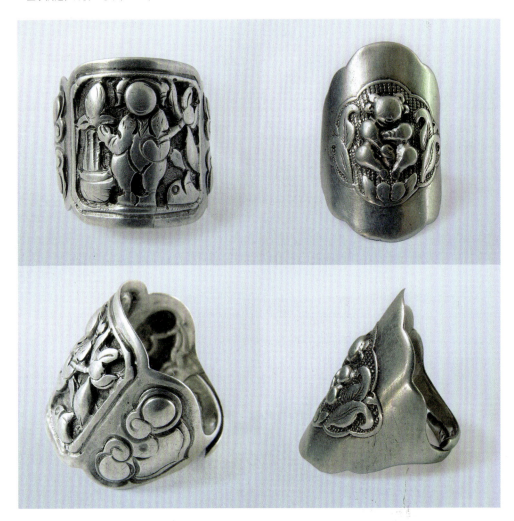

第五章 戒指

人物故事纹银质戒指两枚
（贺今收藏）
两枚戒指内容相同，构图饱满，人物动态生动。下面的一枚入土日久，有锈蚀磨损的痕迹

右页图：人物纹银质戒指两枚
（郝蕴琴、颜广仁收藏）
两枚戒指形制相似，内容不同，一枚为人与驴，一枚为人与花草

第五章 戒指

三娘教子纹银质戒指
（贺今收藏）
纹样为三娘持鞭欲责倚哥，老薛保倾身相护。三人之间的顾盼关系处理巧妙，人物动态设计极为生动

白蛇传戏曲人物纹银质戒指
（郝蕴琴、颜广仁收藏）
纹样为白娘子从雷峰塔中探头张望，许仙则跪立一旁。造型稚气可爱，富有想象力，又充满生活气息

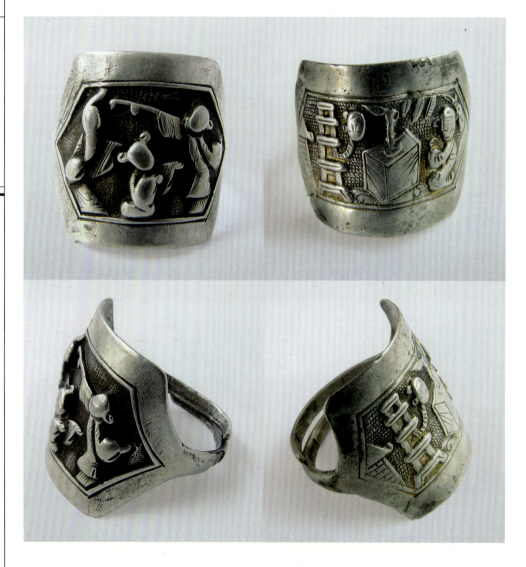

人物纹银质戒指　　　　　　　人物纹银质戒指　　　　　　　戏曲人物纹银质戒指
（贺今收藏）　　　　　　　　（郝蕴琴、颜广仁收藏）　　　　（郝蕴琴、颜广仁收藏）

第五章　戒指

妆匣遗珍

人物纹银质戒指
（郝蕴琴、颜广仁收藏）

人物纹银质戒指
（贺今收藏）

二老弈棋纹银质戒指
（郝蕴琴、颜广仁收藏）

和合二仙纹银质戒指 　　人物纹银质戒指 　　人物纹银质戒指
（郝蕴琴、颜广仁收藏）　（郝蕴琴、颜广仁收藏）　（郝蕴琴、颜广仁收藏）

第五章　戒指

右页图（从上至下）：
狮纹银质烧蓝戒指
花卉纹银质烧蓝戒指
花卉纹银质烧蓝戒指
（右页图中各式戒指均由郝蕴琴、颜广仁收藏）

花卉纹镂空银质烧蓝戒指
（郝蕴琴、颜广仁收藏）

蝴蝶花卉纹银质烧蓝戒指
（郝蕴琴、颜广仁收藏）
戒面有环，原来应坠有银链坠饰

蝙蝠花卉纹银质烧蓝戒指
（郝蕴琴、颜广仁收藏）

花卉纹银质烧蓝戒指
（郝蕴琴、颜广仁收藏）
色调蓝中间紫，柔和淡雅。枝蔓卷曲，花形饱满

上图：**蛙纹银质烧蓝戒指**

（郝蕴琴、颜广仁收藏）

戒面纹样为荷叶上卷，中间有蛙一只。形制小巧有趣，烧蓝晕散自然

下图：**几何纹银质烧蓝戒指**

（郝蕴琴、颜广仁收藏）

长方形戒面饰有菱形几何纹，指环饰有卷草纹

第五章　戒指

第六章 佩饰

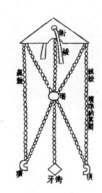

左图：《三礼图》中宋人聂崇义所拟大佩图
右图：《礼书》中宋人陈祥道所拟大佩图

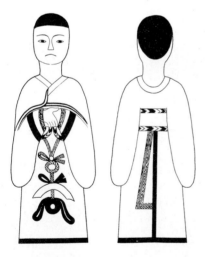

彩绘青年妇女木俑
河南信阳2号楚墓出土，其胸前下坠杂玉佩

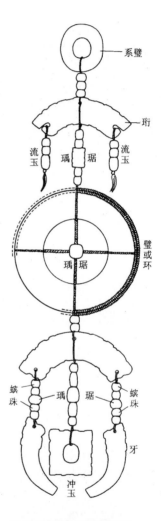

郭宝钧所拟战国组玉佩模式图
从中可以了解古文献中所描述的珩、璜、琚、瑀、冲牙之类的大致形状与组合方式

> 兰麝香仍在，佩环声渐远。
> ——《西厢记》第一本第一折

明清时期的妇女常在右衣襟处佩戴银饰，行走时，坠饰彼此相触，发出细碎轻柔的声响，非常古雅而有韵致。这一风俗可追溯至上古的杂佩礼俗。

《礼记·玉藻》："君子无故，玉不去身，君子于玉比德焉。"佩玉之风，源于上古，玉璜、玉璧类佩玉均出现于新石器时代，红山文化、大汶口文化、龙山文化、良渚文化中都有实物出土。殷墟妇好墓出土的大量玉佩，虽形制各异，但大多钻有小孔，以方便穿绳系佩之用；江西新干商代大墓出土的大量玉器中，亦不乏环、璜、管等佩饰；至西周，以璜为主体的组玉佩开始出现，身份愈高，组玉佩愈长愈复杂，身份较低者，组玉佩则简单而短小。

在古代，玉佩一般用绳线系于胸前或腰间。曹植《美女篇》："头上金爵钗，腰佩翠琅玕。"佩的使用，有单用的，也有组合使用的。组合使用即按照一定礼制将几种不同形状、名称的玉佩用丝质绳线穿系组合，这种玉佩被称为杂佩。《诗经·郑风·女曰鸡鸣》有"知子之来之，杂佩以赠之"的诗

佩戴组佩的彩绘木俑
（湖北江陵纪南城武昌义地6号战国楚墓出土）

第六章 佩饰

上图：明代《目莲救母劝善戏文》插图
画中女子裙腰处系有佩饰
右图：明代大佩
（江西南城明益端王妃彭氏墓出土）

句。毛传:"杂佩者,珩、璜、琚、瑀、冲牙之类。"在人行走时,绳上的玉佩彼此碰触,会发出各种声响,是所谓"行步则有环佩之声,升车则有鸾和之音"(《礼记·经解》)。古人以为,心态平和,步履从容,则玉佩之声缓急有度,清雅悦耳;若心浮气躁,步伐凌乱,则玉佩音律失和,节奏杂乱,此为失仪。《国语·周语中》有"改玉改行"的说法。韦昭注:"玉,佩玉,所以节行步也。君臣尊卑,迟速有节,言服其服则行其礼。"对玉佩声响的关注与讲究,表现出中国古代礼乐文化所特有的精致趣味。杂佩的礼俗在漫长的历史过程中几经兴废,至明代依然存在,称为大佩。入清以后,逼令剃发易服,大佩之制遂废而不行。

在传世的汉族银饰中,衣襟或裙腰佩饰多少保留了一点古代杂佩的遗韵。其形制多为:以单支银链下坠一较大的银片,其下垂有多层次的坠饰,坠饰多为银质,也有玉片或其他材质的饰件。简单一点的佩饰则只是在一件银饰件下坠几串银链坠饰而已。银质佩饰中最有代表性的当属所谓"银事件",其基本形制为:以单支银链下坠一片较大的银片,下垂三串或五串、七串小银链,银链下端挂有刀、枪、剑、戟、耳挖、刮舌器、镊子、牙剔、铃铛等饰件。一些更繁复的样式,则有多

老照片中戴"银事件"的妇女

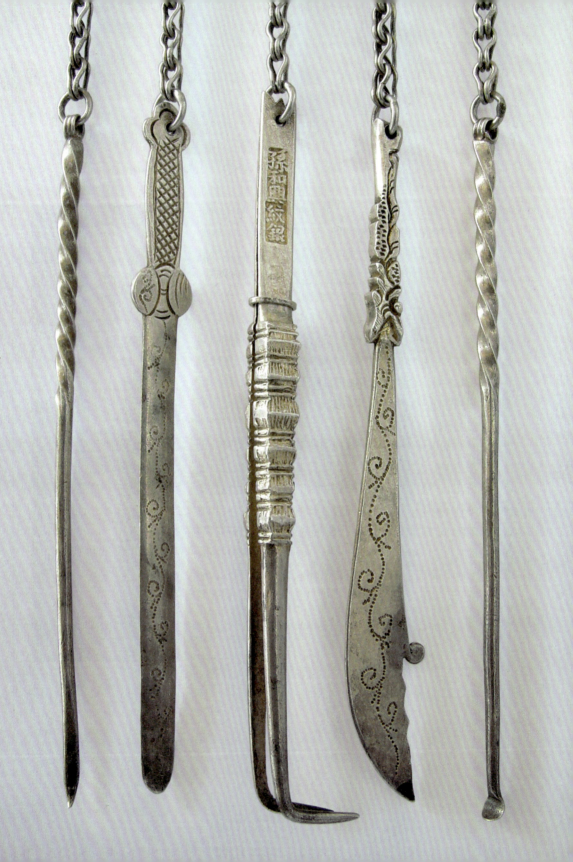

层次的垂坠排列，依稀现出古代杂佩的遗韵。

明清时期此类佩饰一般人家多用银质，而富裕人家则用金质，称为"金事件"或"金三事""金七事"等，如《金瓶梅词话》第十四回："因见春梅伶变，知是西门庆用过的丫鬟，与了他一付金三事儿。"清·西周生《醒世姻缘传》第五十回："狄希陈仍到前面坐下，取下簪髻的一支玉簪并袖中一个白湖绸汗巾，一对金三事挑牙，都用汗巾包了，也得空撩与孙兰姬怀内。"沈从文先生在《中国古代服饰研究》中指出：明代妇女佩件有"坠领"与"七事"，在胸前的佩件叫"坠领"，在裙腰的佩件叫"七事"。佩件一般用金玉珠石串结而成，上有山云或花头，下坠诸物，有古代杂佩的遗韵。这类佩件在出土物中也时有发现，如南京江宁殷巷沐叡墓出土的金事件，计有耳挖、镊子、牙剔、勺子四件；浙江临海张家渡王士琦墓出土的金事件中有牙剔、耳挖等金坠饰；北京右安门外明墓出土的金事件中有剑、剪、盒、囊、瓶等七件金坠饰。

银事件中的刀、剑等兵器形坠饰，有辟邪厌胜的喻意。以兵器形为佩饰早在晋代即有记载。干宝《晋纪》："元康中，妇人之佩有五兵佩。又以金银玳瑁之属为斧、钺、戈、戟，以当笄。"而坠饰中的耳挖、镊子、牙剔等则有实际的功用。如耳

篮花纹银事件

(郝蕴琴、颜广仁收藏)

第六章 佩饰

叁柒玖

左页图：**莲花童子纹银事件的坠饰**

(杭海收藏)

坠饰由刀、剑、耳挖、牙剔、镊子五件组成。镊子上压有"孙和兴纹银"的字号

挖，旧时代的妇女闲暇无聊，常用耳挖挖耳自娱，打发时光。铃铛是银质佩饰中最常使用的物件，加之坠饰彼此相触，在女子行进之际会发出细碎、悦耳的声响，有环佩玎珰、古风犹存之感，体现出那一时代的女性所特有的风情与韵味。

除银事件外，银针筒、银香囊、银香球等也是常见的银佩饰。银针筒的形制多为长筒状，筒内有筒，可伸缩，外有盖，上端接以银链，可随身携带。针筒外形除长筒状外，常见的还有瓶花、童子等形状，表面多模压、锤锻、镂刻各式纹样。这样的银针筒既可用来装针，挂在胸前又起到装饰作用。

香囊多为丝织物，其历史可追溯至秦汉。古乐府《孔雀东南飞》中有"红罗覆斗帐，四角垂香囊"的诗句；后汉·繁钦《定情诗》："何以致叩叩，香囊系肘后。"香囊内置香料，或悬于帐中，或佩于腰间。银质香囊外形模仿丝织物，大都为纯粹的装饰物。

香球有熏香的功用。香球的使用曾盛行于唐代，当时的香球多银质，顶部有钮，坠以银链带钩，以便佩挂于腰间。香球多圆球形，通体镂刻有繁复的花纹，其结构为两个半球，可开合。球中设有智巧装置，能保证球内燃香在晃动中保持平衡，不致倾覆。而存世的清末民初时期的银质香球内已无此装置，其功能已从香料的燃熏简化为散香或干脆只是一个装饰而已。

左页图：龙舟人物纹银镀金挂件局部

龙舟人物纹银镀金挂件
(全长33.5厘米，主件高4.8厘米，宽6.8厘米，郝蕴琴、颜广仁收藏)
主件为单片银饰片，模压、镂刻人物、龙舟、莲花纹样，下坠五串果实纹银饰件。制作精美，保存完好

第六章 佩饰
叁捌壹

团鹤牡丹纹银质烧蓝佩饰
(全长24厘米,主件高5.1厘米,宽5.1厘米,郝蕴琴、颜广仁收藏)
主件为镂空团鹤牡丹纹银片,双面錾工,下坠多层银质烧蓝尖叶形坠饰

右页图:篮花纹银事件坠饰
(郝蕴琴、颜广仁收藏)
坠饰由刀、剑、耳挖、牙剔、镊子五件组成。镊子上饰有猴纹,造型稚拙可爱,其余坠饰上部均为镂刻龙纹

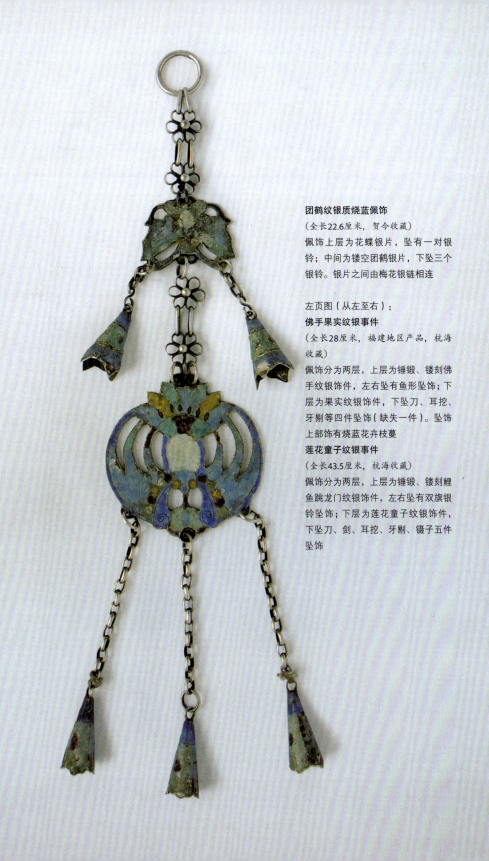

团鹤纹银质烧蓝佩饰
(全长22.6厘米,贺今收藏)
佩饰上层为花蝶银片,坠有一对银铃;中间为镂空团鹤银片,下坠三个银铃。银片之间由梅花银链相连

左页图(从左至右):
佛手果实纹银事件
(全长28厘米,福建地区产品,杭海收藏)
佩饰分为两层,上层为锤锻、镂刻佛手纹银饰件,左右坠有鱼形坠饰;下层为果实纹银饰件,下坠刀、耳挖、牙剔等四件坠饰(缺失一件)。坠饰上部饰有烧蓝花卉枝蔓

莲花童子纹银事件
(全长43.5厘米,杭海收藏)
佩饰分为两层,上层为锤锻、镂刻鲤鱼跳龙门纹银饰件,左右坠有双旗银铃坠饰;下层为莲花童子纹银饰件,下坠刀、剑、耳挖、牙剔、镊子五件坠饰

第六章 佩饰

左页图:**琴棋书画纹银事件**
(全长44.3厘米,杭海收藏)
银片双面镂空、錾刻琴棋书画纹样,下坠铃铛、挖耳勺、镊子、牙剔等七件坠饰,铃铛应是后加上的

左图:**斩邪缚妖纹银质佩件**
(残长20厘米,主件高5厘米,宽3.3厘米,郝蕴琴、颜广仁收藏)
主件一面錾刻道符"斩邪缚妖",另一面有骑虎降妖人物图,下坠瓜瓞、寿桃银铃

右图:**八卦纹银质佩件**
(全长20.5厘米,江浙地区产品,杭海收藏)
主件为双鱼八卦纹银饰片,双面錾工,下接猴子、鱼化龙坠饰。银质纯正,做工精湛

年年有余纹银质香筒主件　　人物故事纹银质针筒主件

第六章 佩饰

左图：**花卉纹银质针筒**
（针筒高5厘米，郝蕴琴、颜广仁收藏）
针筒为花瓶形状，模压、锤锻花卉纹样

中图：**人物故事纹银质针筒**
（针筒高7.5厘米，杭海收藏）
针筒模压、锤锻《空城计》《三叟弈棋》等故事，下坠石榴纹铃铛

右图：**年年有余纹银质香筒**
（香筒高8.2厘米，贺今收藏）
香筒模压、锤锻年年有余（鱼）、凤戏牡丹等纹样

蝙蝠纹银质香球
(直径约2.8厘米,贺今收藏)
香球由四只蝙蝠组成,蝙蝠首聚集处饰有花卉纹。制作精美,工艺难度较大

左页图(从左至右):
童子形白铜针筒残件
(高6.5厘米,杭海收藏)
内筒已失,仅存外筒。童子开脸好,造型古朴自然
童子形银质针筒
(针筒高6.3厘米,贺今收藏)

第六章 佩饰

叁玖壹

铜镀银香囊
(高4厘米,宽5厘米,杭海收藏)
一面镂錾人物故事,另一面镂錾喜鹊登梅图案,坠饰已失

左页图:牡丹纹银质香囊
(全长25厘米,主件高3.5厘米,宽4.5厘米,郝蕴琴、颜广仁收藏)
香囊表面錾压牡丹纹样,下坠铃铛以及牛、狗、葫芦、鸡等坠饰

第六章 佩饰

双葫芦纹银事件局部
（杭海收藏）

第六章 佩饰

葫芦纹银质佩饰
（全长16.8厘米，贺今收藏）
模压、镂刻葫芦纹，下坠铃铛

葫芦纹银质佩饰
（全长15.7厘米，杭海收藏）
模压、錾刻葫芦纹，葫芦表面珍珠地，饰有花卉纹样，下坠铃铛等坠饰

葫芦被古人当做瓜类的一种，是我国栽培历史最悠久的植物之一。在新石器遗址中曾发现它的残果和种子遗存。《诗经·豳风·七月》："七月食瓜，八月断壶。""壶"指的就是葫芦。葫芦是古代"八音"（金、石、土、革、丝、木、匏、竹）之一，其中匏就是葫芦，指笙。葫芦多籽，藤蔓绵延，元代《王祯农书》："夫瓠之为物也，累然而生，食之无穷，最为佳蔬"，因此被引申为繁衍多子的生殖象征。葫芦与藤蔓组合被称为"瓜瓞绵绵"，即是此意。《诗经·大雅·绵》："绵绵瓜瓞，民之初生"，暗示着瓜果之属与生殖象征的渊源。银饰中，葫芦也是最常见的吉祥纹样

左右页图：各式葫芦纹银事件
（郝蕴琴、颜广仁、杭海收藏）

左页图：如意莲花纹银质挂件
（主件宽6厘米，杭海收藏）

双面工，正背一式，造型为如意莲花纹样。左右并立莲花成对，下端有俯面莲花一朵，如意表面精錾卷曲线条。造型优雅柔媚，做工细致入微，是一件形意俱佳的挂件，惜其下坠饰俱失

富贵耄耋纹银质佩饰
（郝蕴琴、颜广仁收藏）

牡丹喻富贵，猫与蝴蝶谐音"耄耋"，指八九十岁的年纪。双面工，通体镂空、錾刻牡丹、猫与蝴蝶纹样，其下坠饰已失

上图：牡丹纹银质佩饰
（郝蕴琴、颜广仁收藏）

双面工，模压、錾刻花篮牡丹纹样

下图：凤戏牡丹纹银质佩饰
（郝蕴琴、颜广仁收藏）

表面錾刻花篮牡丹、双凤纹样，其下坠饰已失

左右页图：篮花纹银事件正背
（郝蕴琴、颜广仁收藏）
双面錾工，一面錾刻花卉纹，另一面錾刻鱼戏莲纹样。纹饰饱满，錾工流畅

猴纹银质佩件局部

猴纹银质佩件

（全长11.5厘米，贺今收藏）

上部为桃形银饰片，桃叶左右坠有银铃一对，下接猴捧桃坠饰，猴爪处坠银铃一对

牛纹银质佩件

（全长18.1厘米，贺今收藏）

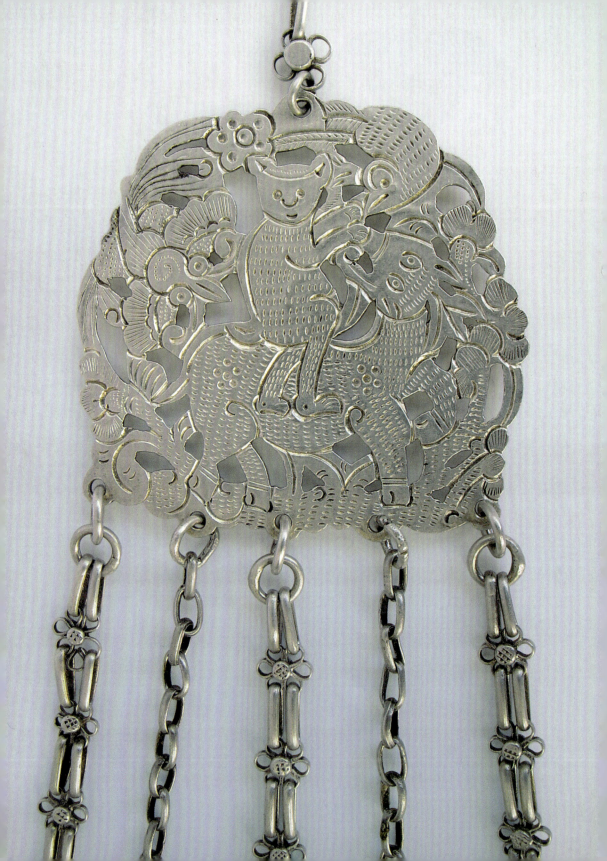

石榴桃纹银质挂件

（全长11厘米，主件高3.2厘米，宽3.2厘米，郝蕴琴、颜广仁收藏）
主件造型为折枝石榴桃纹，下坠三个铃铛，铃铛上饰有花草纹样。形制质朴圆润，保存完好

左页图：猴纹银质挂件

（残长21厘米，主件高4.8厘米，宽5厘米，郝蕴琴、颜广仁收藏）
双面錾工，主件造型为猴子骑鹿，四周为喜鹊梅花纹，下坠梅花链坠饰。银质纯正，保存完好，是一件形意俱佳的挂件

第六章 佩饰

肆零伍

人物纹银质挂件局部

左页图：人物纹银质挂件正背
（全长23.5厘米，人物高6.5厘米，郝蕴琴、颜广仁收藏）
上部为福寿纹银饰件，纹样由"寿"字与蝙蝠组成。模压、镂刻工艺，双面工。其下坠有银铃一对、人物银饰一件。银铃上錾刻卷草纹；人物为女性，头上戴帽，帽沿饰有银环，肩部饰有霞帔，脚下坠有虎头银铃一只。造型生动，做工精美

第六章 佩饰

肆零柒

人物纹银质佩件局部
（残长23厘米，主件高4.5厘米，宽3.6厘米，郝蕴琴、颜广仁收藏）
主件双面錾刻人物莲花纹，下坠梅纹银铃。造型优雅，工艺精湛。

童子执莲纹银质佩件
(全长28厘米,童子高7厘米,杭海收藏)

第六章 佩饰

肆零玖

附注

图片目录

第一章　发饰

壹零　骨笄
壹零　安阳殷墟妇好墓出土的各式骨笄
壹壹　根据河南光山宝相寺春秋孟姬墓出土实况绘制的盘髻上笄图
壹壹　宋代《浴婴图》中所绘加珠翠芭蕉鬐
壹壹　清末江南妇女发髻
壹贰　马厂类型骨笄
壹贰　商代玉笄
壹贰　战国金钗
壹贰　商代金笄
壹叁　宋·李公麟《九歌图》中戴进贤冠的男子
壹叁　宋·伍宗元《朝元仙仗图卷》中戴通天冠的东华天帝君
壹肆　沂南画像石中戴笄的汉代妇女
壹肆　唐代永泰公主墓石刻线画
壹伍　河南南阳画像石上的汉代高髻侍女
壹陆　唐代镀金菊花纹银质发钗成对
壹柒　双股银质素钗
壹捌　唐代"拨"形发簪
壹捌　五代·顾闳中《韩熙载夜宴图》局部
壹玖　盛装的五代妇女
贰零　唐代铜镀金发钗
贰壹　唐代骨钗
贰壹　金银花钗满头、梳篦钿花堆盈的唐代妇女
贰贰　南宋《歌乐图卷》局部
贰叁　宋代半月形卷草狮子纹银梳
贰叁　唐代鸿雁衔枝纹金质梳背
贰肆　明代木刻版画《重校元本大板释义全像音释琵琶记》之"对镜梳妆"插图
贰伍　梳牡丹头的明代妇女
贰陆　明代金簪背部
贰柒　明代累丝嵌宝金钗
贰捌　清末婉容皇后的传世照片
贰玖　明代《列女传》木版插图

叁零　牡丹纹银镀金发簪残件
叁壹　明代《帝后嫔妃图》局部
叁贰　明代凤形金簪
叁贰　清·冷铨《仕女图》
叁叁　明代凤形金簪
叁肆　方胜形梅花纹银簪
叁肆　福在眼前纹银质扁簪局部
叁伍　苏州桃花坞版画上的清初高髻女子
叁陆　民国时期梳刘海的青年女子
叁陆　寿字纹银镀金耳挖簪
叁柒　三绺头的背部
叁捌　麒麟送子纹银质发簪
叁玖　观音送子纹银质发簪残件
叁玖　连(莲)生(笙)贵子纹银质短簪
肆零　义德隆记银质扁簪
肆壹　插发簪的清代女子传世照片
肆贰　花果纹银质发钗
肆贰　蛙纹银质发簪
肆贰　花果纹银质发簪
肆贰　双鱼戟形银质发簪
肆贰　桃纹银镀金发簪
肆贰　果实纹银质发簪
肆叁　如意纹银质发簪
肆肆　鱼纹耳挖形银质发簪
肆肆　书匣耳挖形银质发簪
肆肆　猴桃纹银质发簪
肆肆　佛手纹银质发簪
肆伍　蝙蝠纹银质短簪
肆伍　花卉纹银质烧蓝发簪
肆陆　花卉纹银镀金短簪
肆陆　花卉纹银质短簪
肆陆　"三多"纹银质烧蓝短簪
肆陆　葡萄纹银镀金短簪
肆陆　福字纹银镀金短簪
肆陆　银镀金短簪
肆柒　蜂花纹银质发簪残件背部

肆柒	蜂花纹银质发簪残件	陆叁	花卉纹银质发簪
肆捌	果实纹银质发簪	陆叁	银质金钿
肆玖	玉兔纹银质烧蓝发饰正背	陆叁	花卉纹银质发簪
伍零	鸡纹银鎏金耳挖簪	陆叁	佛像纹银质簪首
伍零	瓶花纹银质耳挖簪	陆肆	万字纹银镀金发簪
伍零	寿桃纹银质耳挖发钗	陆肆	牡丹纹银质发簪
伍壹	清代绘画中簪耳挖簪的妇女	陆肆	蝴蝶纹银质发簪
伍贰	银质金钿	陆肆	狮纹银质发簪
伍叁	清末仕女玻璃画	陆伍	狮纹银质发簪
伍肆	一套五件花卉纹银质烧蓝发簪	陆陆	如意云纹银质发簪局部
伍伍	一套三件花卉纹银质发簪	陆柒	蝉纹银质发箍残件
伍陆	蝈蝈纹银质发簪	陆捌	蝶恋花纹翠羽银簪
伍陆	蝙蝠纹银质发簪	陆捌	花卉纹翠羽银簪
伍陆	白菜蝈蝈纹银质发簪	陆捌	蝶恋花纹翠羽银簪
伍陆	果实纹银质发簪	陆玖	清代《人物故事图》局部
伍柒	白菜蝈蝈纹银质发簪局部	柒零	花卉纹银质烧蓝发簪局部
伍捌	松鼠葡萄纹银质发簪	柒壹	金鱼纹银质烧蓝发簪
伍捌	寿桃纹银质耳挖簪	柒贰	团鹤纹银质烧蓝发簪
伍捌	竹节梅花纹银质发簪	柒贰	花卉纹银质烧蓝发簪
伍玖	蝴蝶纹银质簪首	柒贰	花卉纹银质烧蓝发簪
伍玖	石榴纹银质簪首	柒贰	平安富贵纹银质烧蓝发簪
伍玖	喜鹊登梅纹银质簪首	柒贰	花卉纹银质烧蓝发簪
伍玖	蝙蝠纹银质短簪	柒贰	石榴桃子纹银质烧蓝发簪
伍玖	花卉纹银质簪首	柒贰	花卉纹银质烧蓝发簪
伍玖	吉庆(磬)有余(鱼)纹银质簪首	柒叁	平安富贵纹银质烧蓝簪首
伍玖	蛙纹银质发钗	柒叁	果实纹银质烧蓝发簪
陆零	"三多"纹银质发簪	柒叁	狮纹银质烧蓝发簪
陆零	蝴蝶纹银质发簪	柒肆	双花石榴纹银质发簪局部
陆零	蝴蝶纹银质发簪	柒伍	双花石榴纹银质发簪
陆壹	"三多"纹银质发簪局部	柒伍	双花纹银质发簪
陆贰	松鼠葡萄纹银质短簪	柒陆	清代仕女画
陆贰	牡丹纹银质短簪	柒柒	喜鹊登梅纹银镀金发饰正背
陆贰	喜鹊登梅纹银质短簪	柒柒	福缘善庆纹银质发饰
陆贰	福(蝠)寿(桃)纹银质短簪	柒柒	琴棋书画、平安如意纹银质烧蓝发饰
陆叁	连(莲)生贵子纹银质发簪簪首	柒捌	蝴蝶人物纹银质发簪局部
陆叁	花果纹银质发簪	柒玖	牡丹金凤纹银镀金短簪

附注

肆壹叁

妆匣遗珍

肆壹肆

捌零	葫芦盘长纹银镀金短簪
捌零	松鼠盘长纹银镀金短簪
捌零	花卉纹银镀金短簪
捌壹	如意形花卉纹发簪
捌贰	刘海金蟾纹银簪
捌叁	执莲童子纹银簪
捌叁	团鹤纹烧蓝银簪
捌叁	寿字纹银簪
捌肆	民间木版画上的执莲童子
捌伍	执莲童子纹银簪局部
捌陆	花卉纹铜镀银扁方
捌陆	清代金质扁簪
捌柒	梳两把头的清代妇女
捌捌	白铜扁簪三枚
捌玖	花卉杂宝纹银质扁簪
捌玖	福在眼前纹银质扁簪
玖零	牡丹莲花纹银质扁簪
玖壹	牡丹莲花纹银质扁簪局部
玖贰	狮子麒麟纹银质扁簪
玖叁	如意云纹银质扁簪
玖肆	福寿纹银质扁簪簪首
玖伍	福寿纹银质扁簪簪尾
玖陆	凤戏牡丹纹镂刻银质扁簪
玖捌	《海上青楼记》插画
玖玖	花卉纹镂空银质押发扁簪
玖玖	杂宝铜质押发扁簪
玖玖	人物纹银质押发扁簪
壹零零	人物纹银质扁簪
壹零壹	花鸟纹白铜押发扁簪
壹零贰	蝴蝶纹银质扁簪正背
壹零叁	如意形鲤鱼跳龙门纹银质扁簪
壹零叁	如意形福寿纹银质扁簪
壹零肆	蝉纹发钗
壹零伍	广州皇帝岗出土的唐代发钗
壹零伍	瑞典斯德哥尔摩C·Kempe所藏唐代发钗
壹零陆	辽金银质发簪
壹零陆	蝉纹银质发钗
壹零陆	花卉纹银质烧蓝发钗
壹零陆	喜鹊登梅纹多股银钗
壹零柒	"三多"纹银质发钗
壹零捌	唐·周昉《簪花仕女图》局部
壹零玖	隋·李静训墓出土玉钗
壹壹零	福到眼前纹银质发钗
壹壹零	莲花纹银质烧蓝发钗
壹壹壹	花蝶纹银质烧蓝步摇钗
壹壹贰	桃纹一丈青银质发钗
壹壹贰	花卉纹银质烧蓝发钗
壹壹贰	团花纹一丈青银质发钗
壹壹贰	"三多"纹银质发钗
壹壹叁	花卉纹银镶玉发钗及发簪成对
壹壹肆	花卉纹银质烧蓝发钗
壹壹肆	花卉纹银质发钗
壹壹伍	禽鸟莲花纹银镀金发钗
壹壹伍	双桃纹银镀金发钗
壹壹陆	桃纹一丈青银质发钗局部
壹壹柒	石榴纹银质烧蓝发钗残件
壹壹捌	簪凤鸟步摇的清代贵族妇女
壹壹玖	梳高髻插步摇的汉代妇女
壹壹玖	戴成对凤鸟步摇的唐代妇女
壹贰零	清代《乾隆妃梳妆图》
壹贰壹	明代累丝嵌宝衔珠金凤步摇簪
壹贰贰	金镶玉步摇钗
壹贰贰	银质步摇钗
壹贰叁	唐·周昉《簪花仕女图》局部
壹贰肆	树状银质步摇钗
壹贰伍	花蝶纹银质烧蓝步摇钗
壹贰陆	楼阁童子纹银质步摇簪成对
壹贰柒	镂雕银质烧蓝步摇簪
壹贰捌	状元及第纹步摇簪局部
壹贰玖	银质步摇钗成对
壹叁零	鸡纹银质步摇
壹叁零	花卉纹银质烧蓝步摇钗

壹叁零	金鱼纹银质烧蓝步摇钗	壹伍叁	宋代绘画中的鸭子
壹叁零	花卉纹银质烧蓝步摇	壹伍肆	鸳鸯衔灵芝纹银质帽花
壹叁壹	清末广州外销水彩画《解线》	壹伍肆	鸳鸯衔春草纹银质帽花
壹叁贰	莲花童子纹银质发卡正背	壹伍肆	鸭子衔鱼纹银质帽花
壹叁叁	人物梅花纹银质发卡	壹伍伍	"三多"纹银质烧蓝帽花
壹叁叁	双蝶寿纹银质发卡	壹伍伍	麒麟送子纹银质烧蓝帽花
壹叁肆	福禄寿三星纹银质发卡	壹伍陆	蟾蜍纹银质帽花
壹叁伍	杂宝纹银质发卡正背	壹伍陆	狮子纹银质帽花
壹叁伍	蝴蝶纹银质发卡	壹伍柒	和合二圣纹银质帽花
壹叁陆	蝴蝶牡丹纹银质发卡	壹伍柒	和合二圣纹银质帽花
壹叁陆	竹梅纹银质发卡	壹伍柒	果实纹银质帽花
壹叁柒	鱼纹银质发卡	壹伍柒	莲花纹银质帽花
壹叁柒	佛手纹银质发卡	壹伍柒	喜鹊登梅纹银质帽花
壹叁捌	花卉纹银质嵌宝帽花	壹伍柒	莲花纹银质帽花
壹叁捌	牡丹纹银质嵌宝帽花	壹伍捌	花卉盘长纹银质帽花
壹叁捌	花卉纹银质嵌宝帽花	壹伍捌	牡丹盘长纹银质帽花
壹叁玖	系勒子的明代妇女	壹伍捌	几何盘长纹银质帽花
壹叁玖	清末戴攒珠遮眉勒的妇女	壹伍捌	蝙蝠盘长纹银质帽花
壹肆零	各式乌兜	壹伍捌	喜鹊登梅盘长纹银质帽花
壹肆壹	戴乌兜的清代妇女传世照片	壹伍玖	鱼盘长纹银质帽花
壹肆贰	蝴蝶、金凤纹银质帽花	壹伍玖	四季花卉盘长纹银质帽花
壹肆叁	花卉纹镶玉石银质帽花	壹陆零	福字纹银质烧蓝帽花
壹肆肆	清末妇女与儿童传世照片	壹陆零	石榴纹银质烧蓝帽花
壹肆伍	刀马人物纹及寿星纹银镀金帽花正背	壹陆壹	刘海撒钱纹银质帽花
壹肆陆	团鹤纹银质烧蓝帽花	壹陆壹	鱼戏莲纹银质帽花残件
壹肆陆	人物狮纹银镀金帽花		
壹肆陆	人物纹银质帽花	**第二章**	**耳饰**
壹肆柒	人物纹银质帽花局部		
壹肆捌	童子纹银镀金帽顶正背	壹陆肆	内蒙古赤峰市敖汉旗兴隆洼遗址出土的玉玦
壹肆玖	童子纹银质帽顶	壹陆肆	坠有小铃的耳珰
壹伍零	鸭纹银质帽花三枚	壹陆肆	宋代果实纹金耳饰
壹伍壹	鸭纹银质帽花	壹陆肆	元代金镶玉耳饰
壹伍壹	鸭纹银质坠饰	壹陆伍	商代金质耳珰
壹伍壹	鸭纹银质别针	壹陆陆	西周金耳饰
壹伍贰	鸭纹银质帽花	壹陆陆	明·唐寅《吹箫仕女图》局部
壹伍贰	鸳鸯衔灵芝纹银质帽花	壹陆陆	鎏金嵌珠花耳环

附注

肆壹伍

壹陆陆	辽代契丹摩羯形耳环		壹玖伍	宋代银镀金项圈
壹陆柒	慧贤皇贵妃像		壹玖伍	唐代银项圈
壹陆捌	《雍正妃行乐图》之一		壹玖陆	银质项圈锁
壹陆玖	明代葫芦形金质耳环		壹玖柒	明·唐寅《吹箫仕女图》局部
壹柒零	花卉纹银质耳环成对		壹玖捌	明刻《历代百美图》中的仕女
壹柒壹	玉兔捣药纹玉耳坠		壹玖玖	银质项圈残件
壹柒贰	清代仕女画		贰零零	清·陈枚《月曼清游图》之"文阁刺绣"
壹柒贰	清代嵌翠环金质蝠纹耳环		贰零壹	麒麟送子纹银质项圈锁
壹柒叁	清末皇妃传世照片		贰零贰	清代仕女油画
壹柒肆	花卉纹银质耳环成对		贰零叁	人物故事纹银质项圈锁
壹柒伍	清末满族女子传世照片		贰零肆	明刻《历代百美图》中戴项圈的仕女
壹柒陆	花卉纹银镀金耳坠成对		贰零伍	戏曲故事纹银质项圈锁
壹柒柒	楼阁童子纹银质耳环成对		贰零陆	清累丝嵌玉双龙戏金珠项圈正背
壹柒捌	花卉纹三连环银质耳环成对		贰零柒	清乾隆帝孝贤皇后朝服像
壹柒玖	清代仕女油画		贰零捌	莲花纹银质长命锁
壹捌零	清代仕女油画		贰零捌	人物花卉纹银质长命锁
壹捌壹	花卉纹银质烧蓝耳环		贰零捌	日月纹银质长命锁
壹捌壹	花卉纹银质烧蓝耳环		贰零玖	甲科袭世纹银质锁片正背
壹捌贰	清末北京贵族妇女传世照片		贰零玖	银质百家锁
壹捌叁	楼阁人物纹银镀金耳环		贰壹零	上世纪四五十年代老照片中戴长命锁的男孩
壹捌叁	花鸟纹银质耳环		贰壹壹	牡丹纹银质长命锁
壹捌肆	人物故事纹银质耳坠成对		贰壹壹	双旗纹银质长命锁侧面
壹捌伍	《点石斋画报》中的清末妇女		贰壹壹	莲花纹银质锁片
壹捌陆	寿桃纹银质耳环		贰壹贰	保卫祖国．世界和平银质挂件
壹捌陆	瓶花纹银质耳环		贰壹叁	少年英雄银质长命锁正背
壹捌柒	龙纹银质耳环		贰壹肆	戏曲人物纹银质筒状锁
壹捌柒	银质耳环		贰壹伍	福寿纹铜镀银长命锁
壹捌柒	龙纹银质耳环		贰壹伍	人物花卉纹银质锁片
壹捌捌	人物纹银鎏金耳环两件		贰壹陆	狮纹银质长命锁
壹捌玖	花卉纹银鎏金耳环		贰壹柒	状元及第纹银质锁片
			贰壹柒	双旗纹银质长命锁
第三章 项饰			贰壹捌	花卉纹银质长命锁
			贰壹捌	长命富贵纹银质长命锁背面
壹玖贰	明代绘画《往古妃后宫嫔婇女等众》局部		贰壹玖	长命富贵纹银质长命锁正面
壹玖叁	宋代绘画中戴璎珞圈的儿童		贰贰零	长命富贵纹银质长命锁正背
壹玖肆	唐·周昉《簪花仕女图》局部		贰贰贰	花鸟纹腰子形银质锁正背

贰贰叁	文王百子纹银质锁正背		第四章	手镯
贰贰肆	绵绵瓜瓞纹银质锁正背			
贰贰伍	福字纹银质锁		贰陆贰	唐·阎立本《步辇图》局部
贰贰陆	麒麟送子纹银质挂件		贰陆叁	商代金质臂钏成对
贰贰柒	清代传世照片		贰陆肆	青铜筒状臂饰
贰贰捌	麒麟送子木雕		贰陆肆	明代金质臂钏
贰贰玖	麒麟送子纹银质挂件		贰陆伍	元代金钏
贰叁零	麒麟送子纹银质挂件局部		贰陆陆	清代仕女画
贰叁壹	麒麟送子纹银质挂件局部		贰陆柒	战国玉镯
贰叁贰	麒麟送子纹银质挂件背面		贰陆柒	新石器时代龙首玉镯
贰叁肆	麒麟送子纹银质挂件正背		贰陆捌	唐代金镶玉手镯成对
贰叁陆	各种麒麟送子纹银质挂件		贰陆玖	唐代嵌珠金质手镯
贰叁柒	麒麟送子纹银质挂件		贰陆玖	唐代柳叶形金质手镯
贰叁捌	长命百岁、天仙送子纹银质挂件		贰柒零	辽代银质手镯成对
贰叁玖	鸭纹银质挂件		贰柒壹	金代金质手镯
贰肆零	吉庆有余纹银质挂件		贰柒壹	宋代银质手镯
贰肆壹	福字纹银质挂件		贰柒壹	元代龙首金质手镯
贰肆贰	长命百岁纹银质挂件		贰柒贰	明·唐寅《吹箫仕女图》局部
贰肆叁	鸳鸯纹银质挂件		贰柒贰	明代《千秋绝艳图卷》局部
贰肆肆	猴子寿桃纹银质挂件正背		贰柒叁	清宫各式手镯设计图样
贰肆伍	猴抱桃纹小银件正背		贰柒肆	开口型竹节纹银质烧蓝手镯
贰肆陆	刘海戏金蟾纹银质挂件		贰柒肆	卡口型花卉纹银质手镯
贰肆柒	民间荷包绣品		贰柒伍	龙首纹铜质儿童手镯
贰肆捌	民国女子照片		贰柒伍	开口型连珠纹银质手镯
贰肆玖	凤纹银质别针		贰柒陆	八宝纹银质手镯成对
贰伍零	"三多"纹银质别针		贰柒柒	花卉如意纹银质手镯
贰伍零	鱼戏莲纹银质烧蓝别针		贰柒柒	圆形开口花卉纹银质烧蓝手镯成对
贰伍壹	蝶恋花纹银质别针		贰柒捌	双旗纹银质手链
贰伍贰	《雍正妃行乐图》之一		贰柒捌	儿童银质手链
贰伍叁	明代嵌宝石金纽扣		贰柒玖	花卉纹银质手镯
贰伍肆	祥云托日纹银质领扣		贰捌零	清代《秦淮八艳图》中戴手镯的女子
贰伍伍	童子团花纹银质领扣		贰捌壹	开口型花卉纹银质手镯成对
贰伍陆	清代仕女画		贰捌贰	牡丹纹银质手镯成对
贰伍柒	银质烧蓝纽扣成对		贰捌叁	天下文明银质手镯成对
贰伍捌	花卉纹银质烧蓝领扣		贰捌叁	花卉纹银质手镯成对
贰伍玖	团花银质扣		贰捌叁	回纹、花卉纹银质手镯成对

附注

肆壹柒

贰捌肆	《雍正妃行乐图》之一	叁壹壹	儿童手链银质烧蓝饰件
贰捌伍	人物故事杂宝纹银质手镯		
贰捌陆	人物花卉纹银质手镯	第五章	戒指
贰捌捌	竹节纹银质手镯成对		
贰捌玖	花卉果实纹银质手镯成对	叁壹肆	清代妇女传世照片
贰捌玖	花卉纹银质手镯	叁壹伍	星纹银质戒指
贰捌玖	银条绞丝手镯	叁壹伍	杂宝纹银质戒指
贰捌玖	石榴花叶纹银质手镯成对	叁壹伍	黛玉葬花纹银镀金戒指
贰捌玖	葫芦纹银质手镯成对	叁壹陆	人物纹银质烧蓝戒指
贰捌玖	竹节纹银质手镯成对	叁壹柒	人物纹银质烧蓝戒指
贰玖零	清末妇女儿童照片	叁壹捌	明代《环翠堂乐府西厢记》插图
贰玖壹	双股几何纹银质手镯成对	叁壹玖	戏曲人物纹银质戒指
贰玖壹	双股几何花卉纹银质手镯成对	叁贰零	清代仕女油画
贰玖壹	牡丹纹银质手镯成对	叁贰壹	花卉纹银质烧蓝戒指
贰玖贰	人物杂宝纹银质手镯	叁贰壹	花鸟纹银质烧蓝戒指
贰玖肆	清末妇女照片	叁贰壹	花卉纹银质戒指
贰玖伍	莲花纹银质手镯成对	叁贰贰	活口型银质戒指
贰玖陆	藤制银镯成对	叁贰贰	封闭型银质戒指
贰玖柒	清代仕女画	叁贰贰	镶嵌型银托铜环戒指
贰玖捌	福寿纹银质手镯	叁贰叁	蝉纹银质戒指
贰玖玖	人物纹银质手镯成对	叁贰叁	三个一组银质烧蓝戒指
叁零零	卡口型花卉纹银质手镯	叁贰叁	花卉纹银质戒指
叁零壹	卡口型梅菊纹银质手镯成对	叁贰肆	牡丹蟾蜍纹银质戒指
叁零壹	卡口型花果纹银质手镯成对	叁贰肆	花卉纹银质戒指
叁零贰	松鼠葡萄纹银质手镯成对	叁贰伍	四连环花卉纹银质戒指
叁零叁	花卉卷草纹镂空银质手镯	叁贰陆	四连环梅花纹银质戒指
叁零肆	宋代《婴戏图》	叁贰陆	四连环梅花蝴蝶纹银质戒指
叁零伍	儿童银质手镯	叁贰柒	四连环梅花纹银质戒指
叁零陆	儿童银质手镯	叁贰捌	四连环蝙蝠花卉纹银质烧蓝戒指
叁零柒	牡丹卷草纹儿童银质手镯	叁贰玖	四连环莲花童子佛纹银质戒指
叁零捌	儿童手链饰件	叁贰玖	四连环莲花童子蝴蝶纹银质戒指
叁零捌	串珠儿童手链成对	叁叁零	封闭型花卉纹银质戒指
叁零玖	串珠儿童手链成对	叁叁零	封闭型几何花卉纹银质戒指
叁壹零	儿童银质手链四只	叁叁零	封闭型花卉纹银质戒指

叁叁壹	开口型宝相花纹银质戒指	叁伍肆	荷叶蛙纹银质戒指
叁叁壹	开口型古钱纹银质戒指	叁伍肆	蛙纹银质戒指
叁叁贰	宋代《晴春蝶戏图》	叁伍肆	蛙纹银质戒指
叁叁叁	花卉蝴蝶纹银质戒指三枚	叁伍肆	蛙纹银质戒指
叁叁肆	团鹤纹银质戒指	叁伍伍	明代《唐诗画意》中的版画插图
叁叁肆	松鼠葡萄纹银质戒指	叁伍陆	各种形制的蛙纹银质戒指
叁叁伍	花卉纹银质烧蓝戒指	叁伍柒	坠银链蛙纹银质戒指
叁叁伍	瓶花纹银质戒指	叁伍捌	人物纹银质戒指
叁叁伍	琴棋书画纹银质戒指	叁伍捌	人物纹银质戒指
叁叁陆	狮纹银质戒指	叁伍玖	鹿纹银质戒指
叁叁陆	狮纹银质戒指	叁陆零	人物故事纹银质戒指三枚
叁叁柒	蝙蝠纹银质戒指	叁陆壹	莲花童子纹银质戒指
叁叁柒	狮纹银质戒指	叁陆壹	莲花童子纹银质戒指
叁叁捌	牡丹纹银质戒指	叁陆贰	人物故事纹银质戒指两枚
叁叁玖	清代门楣木刻局部	叁陆叁	人物纹银质戒指两枚
叁肆零	各式银质戒指	叁陆肆	三娘教子纹银质戒指
叁肆贰	花卉纹银质戒指	叁陆肆	白蛇传戏曲人物纹银质戒指
叁肆贰	花鸟纹银质戒指	叁陆伍	人物纹银质戒指
叁肆贰	花卉纹银质戒指	叁陆伍	人物纹银质戒指
叁肆叁	花卉纹银质戒指	叁陆伍	戏曲人物纹银质戒指
叁肆叁	牡丹纹银质戒指	叁陆陆	人物纹银质戒指
叁肆肆	宋代花鸟画	叁陆陆	人物纹银质戒指
叁肆伍	各式花鸟纹银质戒指	叁陆陆	二老弈棋纹银质戒指
叁肆陆	各式花鸟纹银质戒指	叁陆柒	和合二仙纹银质戒指
叁肆柒	喜鹊登梅纹银质戒指两枚	叁陆柒	人物纹银质戒指
叁肆捌	明代木刻版画中的松鼠造型	叁陆柒	人物纹银质戒指
叁肆玖	松鼠葡萄纹银质戒指两枚	叁陆捌	花卉镂空银质烧蓝戒指
叁伍零	狮纹银质戒指	叁陆捌	蝴蝶花卉纹银质烧蓝戒指
叁伍零	狮纹银质戒指	叁陆捌	蝙蝠花卉纹银质烧蓝戒指
叁伍壹	民窑青花加紫狮纹盘局部	叁陆玖	狮纹银质烧蓝戒指
叁伍贰	鱼戏莲纹银质戒指	叁陆玖	花卉纹银质烧蓝戒指
叁伍贰	鸭纹银质戒指	叁陆玖	花卉纹银质烧蓝戒指
叁伍叁	猴子摘桃纹银质戒指	叁柒零	花卉纹银质烧蓝戒指
叁伍肆	荷叶蛙纹银质戒指	叁柒壹	蛙纹银质烧蓝戒指

附注

叁柒壹　几何纹银质烧蓝戒指

第六章　佩饰

叁柒肆　《三礼图》中宋人聂崇义所拟大佩图
叁柒肆　《礼书》中宋人陈祥道所拟大佩图
叁柒肆　彩绘青年妇女木俑
叁柒肆　郭宝钧所拟战国组玉佩模式图
叁柒伍　佩戴组佩的彩绘木俑
叁柒陆　明代《目莲救母劝善戏文》插图
叁柒陆　明代大佩
叁柒柒　老照片中戴"银事件"的妇女
叁柒捌　莲花童子纹银事件的坠饰
叁柒玖　篮花纹银事件
叁捌零　龙舟人物纹银镀金挂件局部
叁捌壹　龙舟人物纹银镀金挂件
叁捌贰　团鹤牡丹纹银质烧蓝佩饰
叁捌叁　篮花纹银事件坠饰
叁捌肆　佛手果实纹银事件
叁捌肆　莲花童子纹银事件
叁捌伍　团鹤纹银质烧蓝佩饰
叁捌陆　琴棋书画纹银事件
叁捌柒　斩邪缚妖纹银质佩件
叁捌柒　八卦纹银质佩件
叁捌捌　年年有余纹银质香筒主件
叁捌捌　人物故事纹银质针筒主件
叁捌玖　花卉纹银质针筒
叁捌玖　人物故事纹银质针筒
叁捌玖　年年有余纹银质香筒
叁玖零　童子形白铜针筒残件
叁玖零　童子形银质针筒
叁玖壹　蝙蝠纹银质香球
叁玖贰　牡丹纹银质香囊
叁玖叁　铜镀银香囊

叁玖肆　双葫芦纹银事件局部
叁玖伍　葫芦纹银质佩饰
叁玖伍　葫芦纹银质佩饰
叁玖陆　各式葫芦纹银事件
叁玖捌　如意莲花纹银质挂件
叁玖玖　富贵耄耋纹银质佩饰
叁玖玖　牡丹纹银质佩饰
叁玖玖　凤戏牡丹纹银质佩饰
肆零零　篮花纹银事件正背
肆零贰　猴纹银质佩件局部
肆零叁　猴纹银质佩件
肆零叁　牛纹银质佩件
肆零肆　猴纹银质挂件
肆零伍　石榴桃纹银质挂件
肆零陆　人物纹银质挂件正背
肆零柒　人物纹银质挂件局部
肆零捌　人物纹银质佩件局部
肆零玖　童子执莲纹银质佩件

主要参考及引用书目

《中国古代服饰研究》，沈从文著，上海书店出版社，1997年版。
《中国历代妇女妆饰》，周汛、高春明著，学林出版社，1988年版。
《中国服饰名物考》，高春明著，上海文化出版社，2001年版。
《中国古代服饰史》，周锡保著，中国戏剧出版社，1984年版。
《中国服装史》，黄能馥、陈娟娟著，中国旅游出版社，1996年版。
《中华历代服饰艺术》，黄能馥、陈娟娟著，中国旅游出版社，1999年版。
《中华历代服饰史》，袁杰英著，高等教育出版社，1994年版。
《中国古舆服论丛》，孙机著，文物出版社，2001年版。
《北京文物大系·金银器卷》，北京出版社，2004年版。
《红楼梦》，曹雪芹、高鹗著，人民文学出版社，1979年版。
《金瓶梅词话》，兰陵笑笑生著，人民文学出版社，1992年版。
《西厢记》，王实甫著，人民文学出版社，1997年版。
《闲情偶寄图说》，李渔著，山东画报出版社，2003年版。
《清稗类钞》，徐珂著，中华书局，2003年版。
《金与玉》，南京博物馆编，文汇出版社，2004年版。
《金陵古版画》，周芜著，江苏美术出版社，1993年版。
《北周隋唐京畿玉器》，刘云辉著，重庆出版社，2002年版。
《贪欢报》，人民中国出版社，1993年版。
《明实录类纂·妇女史料卷》，武汉出版社，1995年版。
《十八至十九世纪羊城风物》，上海古籍出版社，2003年版。
《中国民间美术全集·饰物》，广西美术出版社，2002年版。
《点石斋画报》，吴友如等绘，上海文艺出版社，1998年版。
《浮生六记》，沈复著，作家出版社，1995年版。
《老照片》第十七辑，山东画报出版社，2001年版。
《陶庵梦忆》，张岱著，江苏古籍出版社，2000年版。

《今古奇观》，抱翁老人辑，人民文学出版社，1995年版。
《喻世明言》，冯梦龙著，人民文学出版社，1991年版。
《醒世恒言》，冯梦龙著，人民文学出版社，1995年版。
《全唐诗》，中华书局，1999年版。
《全宋词》，唐圭章编，中华书局，1998年版。
《太平广记》，中华书局，1995年版。
《太平御览》，中华书局，1960年版。
《说文解字》，许慎著，中华书局，1981年版。
《元明史料笔记·菽园杂记》，陆容著，中华书局，1997年版。
《宋人画册》，人民美术出版社，1994年版。
《诗经译注》，中华书局，2002年版。
《文献通考》，马端临撰，中华书局，1999年版。
《敦煌写经·大智度论》，西泠印社，2004年版。
《释名》，商务印书馆，1939年版。
《通俗篇》，商务印书馆，1937年版。
《东京梦华录》，中华书局，1982年版。
《聊斋志异图咏》，蒲松龄著，山东画报出版社，2002年版。
《中国绘画全集》，浙江人民美术出版社、文物出版社，2000年版。
《清代后妃首饰》，紫禁城出版社、柏高出版社，1992年版。
《苏州桃花坞木版年画》，江苏古籍出版社，1991年版。
《中国历代仕女画集》，天津人民美术出版社、河北教育出版社，1998年版。
《唐诗画意》，黄凤池编，北京古籍出版社，1998年版。